DISSERTATION

CONTENANT L'HISTORIQUE

DES DEUX PREMIÈRES ÉDITIONS D'UN PROJET DE LOI

SUR

LA RÉPRESSION DE L'INDISCIPLINE

DANS LA MARINE MARCHANDE,

AVEC UN EXAMEN CRITIQUE

DE PLUSIEURS POINTS IMPORTANTS DE DISCUSSION,

TERMINÉE PAR UN EXPOSÉ DE CE QUI EST À FAIRE

POUR UNE TROISIÈME ET DERNIÈRE ÉDITION
DU CODE DISCIPLINAIRE ET PÉNAL PROJETÉ.

PAR M. MAREC,

MAITRE DES REQUÊTES AU CONSEIL D'ÉTAT, OFFICIER DE LA LÉGION D'HONNEUR,
SOUS-DIRECTEUR DU PERSONNEL DE LA MARINE.

« Les juges des tribunaux ordinaires ne sont
point, ne sauraient être, les juges *naturels* des
marins ni des *choses de la marine*..........»
Page 57 de la Dissertation.

PARIS.

IMPRIMERIE ROYALE.

M DCCC XL.

DISSERTATION

SUR UN

PROJET DE CODE

DISCIPLINAIRE ET PÉNAL

POUR LA MARINE MARCHANDE.

4390

F

39581

©

DISSERTATION

CONTENANT L'HISTORIQUE

DES DEUX PREMIÈRES ÉDITIONS D'UN PROJET DE LOI

SUR

LA RÉPRESSION DE L'INDISCIPLINE

DANS LA MARINE MARCHANDE,

AVEC UN EXAMEN CRITIQUE

DE PLUSIEURS POINTS IMPORTANTS DE DISCUSSION,

TERMINÉE PAR UN EXPOSÉ DE CE QUI EST À FAIRE

POUR UNE TROISIÈME ET DERNIÈRE ÉDITION

DU CODE DISCIPLINAIRE ET PÉNAL PROJETÉ.

PAR M. MAREC,

MAITRE DES REQUÊTES AU CONSEIL D'ÉTAT, OFFICIER DE LA LÉGION D'HONNEUR,
SOUS-DIRECTEUR DU PERSONNEL DE LA MARINE.

« Les juges des tribunaux ordinaires ne sont
« point, ne sauraient être, les juges *naturels* des
« *marins* ni *des choses de la marine*...........
Page 57 de la Dissertation.

PARIS.
IMPRIMERIE ROYALE.

M DCCC XL.

AVANT-PROPOS.

Une loi de la plus haute importance, une loi destinée à raffermir ce qu'on peut appeler le nerf de la navigation, c'est-à-dire destinée à fortifier et à maintenir la discipline parmi les équipages des navires du commerce, est, depuis longtemps, l'objet des méditations, des travaux du ministère de la marine.

Cette loi ou plutôt ce code disciplinaire et pénal, si difficile à édifier au milieu des ruines de l'ancienne juridiction de l'amirauté, et aujourd'hui que la marine est pressée, de tous côtés, par les exigences du droit commun, qui est, dans la réalité, par rapport à la marine, une funeste exception, n'offre pas moins de difficultés à vaincre pour arriver à la faire adopter.

Après avoir eu, en 1832, par deux mémoires distribués aux Chambres législatives, le bonheur de concourir à sauver (1) de leur ruine les pêches de la morue

_____

(1) Voici ce qu'écrivait à l'auteur, en 1832, le président et rapporteur de la commission des pêches maritimes de la Chambre des députés, à la suite de nombreuses conférences dans lesquelles la com-

et de la baleine, ces deux précieuses branches d'industrie maritime, qui sont, en même temps, nos meilleures écoles de navigation, l'auteur de cette nouvelle Dissertation a pensé qu'il pouvait essayer de rendre encore un service essentiel au pays, en préludant par cet écrit, publié sous sa responsabilité personnelle, à l'introduction prochaine dans le sein des débats législatifs, du projet de code disciplinaire de la marine marchande.

Persuadé que la marine n'a pas d'adversaire plus redoutable que l'ignorance du caractère exceptionnel

---

mission avait recueilli de sa bouche des explications importantes pour l'examen du projet de loi, alors soumis aux Chambres, sur les pêches de la morue et de la baleine, explications complétées par la publication de deux brochures pour faciliter la discussion du projet de loi :

Paris, le 21 janvier 1832.

A M. Marec, *chef du bureau de la navigation et des pêches, au ministère de la marine.*

« Monsieur, dans sa séance de ce jour, la commission m'a chargé de vous adresser l'expression de ses remercîments pour le zèle que vous avez mis à lui fournir les documents que renferme le bureau que vous dirigez. La commission se plaît à reconnaître les utiles enseignements qu'elle a reçus de vous, dans les nombreuses conférences où elle a désiré vous entendre. Elle n'est pas moins heureuse, monsieur, de trouver, dans les deux dissertations que vous venez de distribuer aux Chambres sur les pêches de la morue et de la baleine, de précieux éclaircissements sur les faits, et des rectifications importantes sur des assertions erronées. Elle n'aime pas moins, monsieur, à rendre justice au sentiment du bien public qui a animé votre zèle dans l'exécution de ce travail et à la sagesse qui a inspiré vos vues sur la matière. Je me félicite particulièrement, monsieur, du secours que m'apporte votre excellent travail :

des personnes et des choses qu'elle met en action,
l'auteur s'est attaché, dans cet écrit, à démontrer ses
besoins et les moyens d'y satisfaire, en discutant avec
franchise toutes les objections que la matière du projet
de code est de nature à soulever.

Parviendra-t-il à faire pénétrer dans les esprits la
conviction sous l'inspiration de laquelle il a pris la
plume, afin de répandre des vérités utiles, afin d'inculquer des notions saines, et de préparer ainsi les
voies à l'adoption d'une loi spéciale, dans la rédaction
de laquelle cependant toutes les concessions possibles

dans le rapport dont je vais m'occuper, je serai dispensé d'entrer dans l'exposition de faits et de considérations que je serais inhabile à présenter avec
autant de talent et avec l'autorité de votre expérience.

Agréez, etc.

*Le Président de la Commission de la Chambre des Députés,
chargée de l'examen de la loi sur les pêches de la morue
et de la baleine,*

C. BESLAY.

N. B. Voici quels ont été les effets de la législation de 1832, c'està-dire des lois intervenues à la suite de la publication des deux brochures ci-dessus, pour l'encouragement de nos grandes pêches :

« Maintien de l'importance des armements relatifs à la pêche de la
« morue, qui continue d'occuper au moins 400 navires montés de
« près de 12,000 marins. »

« Multiplication et nationalisation des armements relatifs à la pêche
« de la baleine, qui, en 1831, n'employait environ que 25 navires
« montés de 1,020 hommes, dont 120 étrangers, et qui actuellement
« en occupe 65 équipés d'au moins 2,000 hommes, dont 25 étrangers
« seulement. »

ont été faites aux exigences du droit commun?.......
L'auteur a du moins la confiance de croire que ses
lecteurs seront amenés à reconnaître qu'il a le courage
d'une consciencieuse opinion.

SOMMAIRE

DE LA DISSERTATION.

ANNEXES

(DONT LA LECTURE EST RECOMMANDÉE COMME ÉTANT TRÈS-ESSENTIELLE POUR
L'APPRÉCIATION DU CARACTÈRE SPÉCIAL DU CODE PROJETÉ).

DISSERTATION

SUR UN

PROJET DE CODE

DISCIPLINAIRE ET PÉNAL

POUR LA MARINE MARCHANDE.

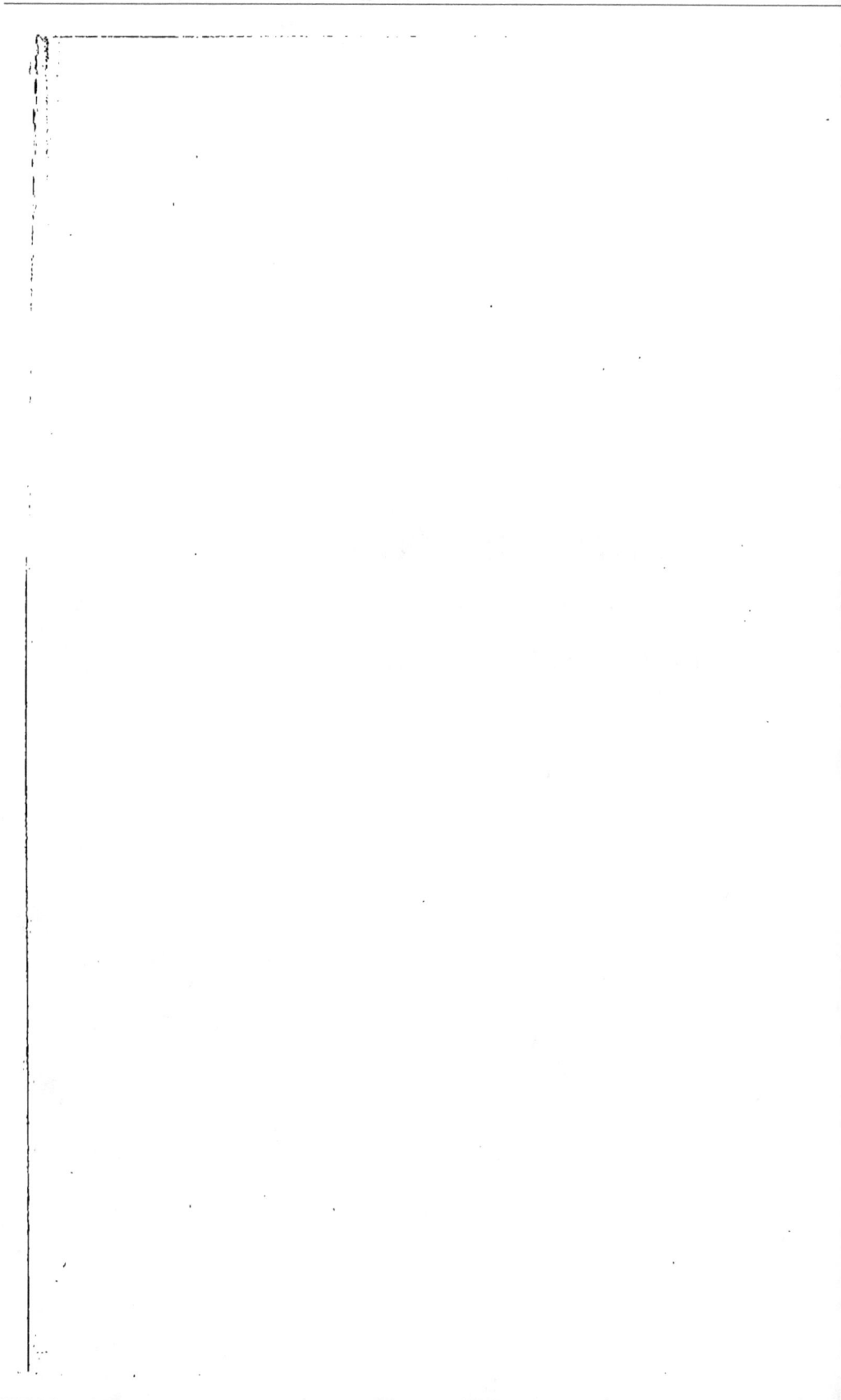

DISSERTATION

SUR UN

PROJET DE CODE

DISCIPLINAIRE ET PÉNAL

POUR LA MARINE MARCHANDE.

INTRODUCTION.

Le ministère de la marine s'occupe, depuis longtemps, de l'élaboration d'un projet de loi dont l'objet est de réprimer les actes d'insubordination commis par les marins embarqués à bord des bâtiments du commerce.

Une pareille loi serait incomplète si elle n'atteignait point aussi certains délits qui, sans appartenir à la catégorie des actes d'insubordination proprement dits, affectent cependant, d'une manière plus ou moins indirecte, le maintien de l'ordre, de la police et de la discipline, si nécessaires pour la sûreté de la navigation et le succès des entreprises commerciales.

Quand on considère l'état présent de la législation sous ce rapport, on est amené à reconnaître, en déplorant la fâcheuse lacune laissée par la suppression des amirautés,

1

que nos codes généraux en vigueur donnent bien le moyen
de punir, quoique dans une mesure insuffisante, quelques-
uns des délits commis par les gens d'équipage des navires
marchands, mais qu'ils sont tout à fait inapplicables aux
manquements à la discipline, ou fautes de simple police,
ainsi qu'à certains délits, dont l'impunité devient une source
de désordres continuels. A la vérité, d'après les dispositions
de l'article 22 (livre II, titre 1ᵉʳ) de l'ordonnance de 1681,
déclarées toujours en vigueur par un arrêt de la cour royale
d'Aix du 17 septembre 1827, le capitaine d'un navire du
commerce est armé d'un droit de correction disciplinaire
envers les hommes de son équipage ; mais ce droit, limité
d'ailleurs aux fautes commises pendant le voyage, ne peut
que rarement être exercé, la difficulté d'affaiblir un équipage peu nombreux (1) par la mise aux fers d'un ou plusieurs
hommes, et d'autres causes encore, empêchant presque
toujours le capitaine d'user des moyens de punition laissés
à sa disposition. Quant aux fautes contre la discipline commises dans les ports et particulièrement dans les ports
étrangers, il y a absence totale de répression : en effet, le
pouvoir des commissaires des classes, depuis l'arrêt rendu
par la cour de cassation, le 13 décembre 1828 (dans
l'affaire du sous-commissaire de marine Offret), se trouve
borné à la punition des manquements concernant le service de l'État ou la police *des classes*, et demeure ainsi nul
à l'égard des manquements intéressant la police de *la navigation marchande ;* d'un autre côté, l'autorité des consuls,
pour la punition des fautes de cette dernière espèce, n'est

(1) La moyenne de l'équipage d'un navire expédié pour le long cours est de
15 hommes.

point réglée d'une manière positive; de plus, les commandants des bâtiments de l'État ne tiennent, de la loi du
22 août 1790 et du décret impérial du 22 juillet 1806,
le droit de faire infliger les peines qui y sont déterminées qu'aux marins attachés actuellement au service
de l'armée navale; enfin ce serait vainement que, ne
pouvant obtenir une répression ni de l'action personnelle
des commandants des bâtiments de l'État, ni de celle
des conseils de justice et conseils de guerre de la flotte,
on recourrait aux tribunaux maritimes établis par le décret du 12 novembre 1806, puisque, par l'acte qui les
institue, la compétence de ces tribunaux est expressément restreinte au jugement des délits commis dans l'enceinte des ports et arsenaux militaires, et relatifs soit
leur police ou sûreté, soit au service maritime de l'État.
Encore moins pourrait-on s'adresser aux conseils de guerre
maritimes permanents, qui, d'après la loi du 13 brumaire an v, sont appelés à juger les crimes et délits militaires commis par les hommes des corps organisés de la
marine non embarqués.

Qu'on remarque bien d'ailleurs que les tribunaux ordinaires auxquels la loi du 13 août 1791 a transmis les attributions, en matière criminelle maritime, des tribunaux
d'amirauté supprimés, ne peuvent agir dans la plupart des
cas, soit parce qu'il ne s'y rattache point de peines expressément établies, soit parce que les peines édictées par
l'ancienne législation sur la police de la navigation commerciale ont, en raison de leur nature, cessé d'être applicables, et que dans le très-petit nombre de cas où l'intervention des tribunaux ordinaires, relativement aux délits des

1.

gens d'équipage de la marine marchande, est possible, par l'application de la pénalité de la loi commune, cette intervention a lieu sans intelligence de la matière spéciale comprenant les faits sur lesquels il s'agit de prononcer; d'où il résulte que, même dans ces circonstances rares, la voie du recours à l'autorité judiciaire qui a succédé à l'amirauté sans la remplacer, est plutôt évitée qu'employée.

Ainsi, aujourd'hui, la répression des actes d'indiscipline commis par les marins au service du commerce rencontre, de tous côtés, des obstacles; ainsi, tout concourt à démontrer le besoin indispensable d'une loi nouvelle pour remédier à un état de choses aussi fâcheux.

Que doit faire la loi destinée à remplir cet important objet?

Elle doit :

Définir les actes qui constituent des manquements ou fautes ainsi que des délits contre la discipline;

Établir la pénalité applicable à ces manquements et délits;

Modifier les dispositions de la loi commune (Code pénal de 1810) (1) relativement à certains délits communs, de manière qu'une pénalité mieux proportionnée atteigne ces délits, quand ils auront été commis par des gens de mer, dont la position toute spéciale leur imprime, comparativement aux mêmes délits commis dans l'ordre civil ordinaire, un degré de gravité plus élevé;

Déterminer enfin la juridiction appelée à statuer et l'étendue de la compétence de cette juridiction, en coordonnant son action avec les diverses situations du navire,

(1) Édition de 1832.

de manière que l'acte à réprimer soit suivi, le plus promptement possible, de l'application du châtiment.

Un premier projet de loi conçu dans ce sens, et embrassant l'ensemble des manquements, délits et crimes de gens d'équipage de la marine marchande, avait été rédigé par mes soins, de concert avec la chambre de commerce et les principaux capitaines de navires du port du Havre, où je m'étais rendu, à cet effet, en 1834, par ordre de feu M. le vice-amiral de Rigny, alors ministre secrétaire d'État de la marine et des colonies.

1re édition du projet de loi.

Ce projet de loi *incriminait*, au moyen d'une définition précise, divers actes des marins du commerce qui aujourd'hui, en raison du silence de la loi, ne sont point légalement punissables (article 4 du Code d'instruction criminelle);

Économie générale du projet.

Il déterminait pour ces actes, comme pour quelques autres déjà prévus, mais non convenablement réprimés par la loi commune, un mode de *pénalité* approprié à la position particulière des délinquants;

Il attribuait le droit de prononcer, sans appel ni recours en révision ou cassation, les peines en matière disciplinaire ou de simple police, aux commissaires de l'inscription maritime, aux consuls de France, aux commandants des bâtiments de l'État, aux capitaines des navires; et il instituait, pour l'application de la pénalité en matière correctionnelle et criminelle, c'est-à-dire en matière de délits et de crimes, une juridiction spéciale sous la dénomination de *tribunaux maritimes commerciaux*, dont il rattachait la création à la juridiction existante des tribunaux maritimes ordinaires, établis, ainsi que je l'ai dit plus haut, par le décret impérial du 12 novembre 1806, pour le jugement des délits (1) commis dans l'enceinte des ports et arsenaux militaires, et relatifs soit à leur police ou sûreté, soit au service maritime de l'État.

Les nouveaux tribunaux proposés étaient, comme on le voit, une émanation des tribunaux maritimes actuels, dont, sauf quelques changements dans la composition et la forme de procéder, pour plus d'harmonie avec leur attribution de compétence spéciale, ils conservaient le régime et la marche sous tous les autres rapports.

Fusion,
dans le projet,
des
dispositions de la loi
d'avril 1825
sur la baraterie.

Dans le projet de loi, d'ailleurs, étaient venues naturellement se fondre, mais avec quelques modifications reconnues indispensables, toutes les dispositions composant le titre 2 de la loi du 10 avril 1825, qui comprend les divers cas constitutifs du crime de *baraterie* (2), dont ladite loi attribue malheureusement la connaissance aux tribunaux ordinaires, et qui, dans le système du projet, devaient être jugés par les tribunaux maritimes *commerciaux*, que le projet

----

(1) Le mot *délit* est pris ici dans son acception la plus large.

(2) Sous la dénomination générique de *baraterie,* ou plutôt de *baraterie de patron,* viennent se ranger, suivant la définition du célèbre commentateur Valin : «Tous faits du maître et des gens de son équipage pouvant causer «dommage par impéritie, imprudence, malice, changement de route, larcin «ou autrement.»

Mais il ne s'agit ici que de la *baraterie* frauduleuse ou criminelle, qui comprend les actes de prévarication, de fraude, d'infidélité, commis par les capitaines et les équipages au préjudice de ceux (armateurs et chargeurs) qui les ont préposés.

appelait enfin à connaître aussi de toutes les infractions aux lois et règlements sur la police de la navigation marchande, non prévues par le projet, et à appliquer les peines déterminées par lesdites lois et règlements (les faits de *piraterie* devant toutefois continuer à être soumis au jugement des tribunaux maritimes ordinaires, en conformité de la prescription de la loi du 10 avril 1825).

Ainsi, le projet dont il s'agit, par la généralité de ses dispositions, avait revêtu le caractère et acquis l'importance d'un code pénal pour la marine marchande.

Trois titres en formaient la contexture. Division du projet.

Le titre 1er traitait des manquements, délits et crimes, et de leur punition.

Le titre 2° était relatif à la juridiction et à la compétence, ainsi qu'à la forme de procéder.

Le titre 3°, sous la rubrique *Dispositions diverses*, complétait, à l'égard de plusieurs points essentiels, les dispositions des deux titres précédents.

Ce travail, objet de l'assentiment unanime de la chambre de commerce et des principaux armateurs et capitaines de la place du Havre, fut soumis, en février 1835, au comité de la guerre et de la marine du conseil d'État. Examen
au
comité de la guerre
et de la marine
du
conseil d'État

Après un premier examen du projet, et sans l'avoir discuté au fond, le comité, s'arrêtant, pour ainsi dire, à une question préjudicielle, conclut à ce qu'il n'y fût point donné suite *dans son état actuel* : il lui parut impossible, en effet, malgré toutes les raisons développées dans *l'exposé préliminaire* ainsi que dans les *motifs* des diverses disposi-

tions du projet, que le gouvernement se hasardât à demander aux Chambres législatives, pour les marins au service
du commerce, l'établissement d'une juridiction exceptionnelle investie du droit de prononcer, sans intervention du
jury, même des peines afflictives et infamantes; et cela,
sous l'empire des dispositions de la Charte (art. 53-54-56)
qui portent que nul ne pourra être distrait de ses juges
naturels, — qui proscrivent la création de commissions et
tribunaux extraordinaires, à quelque titre et sous quelque
dénomination que ce soit,— qui enfin consacrent de la manière la plus formelle le maintien de l'institution du jury.

Réflexions.

Il y avait sans doute beaucoup de choses à dire contre
l'argumentation puisée dans ces articles pour écarter la juridiction projetée; mais enfin ceux qui en repoussaient la
proposition pouvaient invoquer encore, à l'appui de leur
opinion, l'exemple, au moins spécieux, de l'Angleterre.
Et, en effet, les investigations auxquelles, par ordre de
M. l'amiral Duperré, je me suis livré en Angleterre (1), aux
mois de juin et juillet 1835, ont fait connaître que, dans
ce pays, le mode de jugement des délits et crimes commis
à bord des navires marchands ne s'écarte pas, sur les
points essentiels, des règles du droit commun pour le jugement des crimes et délits commis dans la vie civile ordinaire; le jury intervenant toujours, sauf pour quelques cas
rares et peu importants. Il faut l'avouer, cet exemple de
l'Angleterre prête une certaine force à l'opinion émise par
ceux qui pensent que, en France, les marins des navires

(1) Voir, à la suite de la présente dissertation, mon rapport sur les résultats
de cette mission, p. 89.

du commerce ne sauraient être rangés sous une *juridiction exceptionnelle*. Toutefois, et je me hâte de le faire remarquer, on ne doit point perdre de vue que, eu égard à notre système général de législation, cette question du jugement par jurés ou du jugement sans jurés, relativement à la marine marchande, ne se présente en France, avec toute son importance, qu'en ce qui touche la répression des actes qualifiés *crimes*, puisque chez nous, à la différence de ce qui se passe en Angleterre, le jury n'intervient pas pour la punition des *délits*. Le débat, si l'on écarte les *crimes* des marins du commerce, pour ne s'occuper que des *délits*, se réduit donc à la question du choix entre les tribunaux déjà existants (tribunaux de police correctionnelle) où les juges prononcent tout à la fois sur l'appréciation du fait et l'application de la peine, et les tribunaux exceptionnels proposés où les juges seraient pareillement investis de cette double attribution.

Cette dernière remarque, sur laquelle j'appelle l'attention, est une transition naturelle qui me conduit à parler de la suite de l'élaboration de mon projet de loi.

Ce projet, d'après l'opinion exprimée par le comité de la guerre et de la marine du conseil d'État, devait être refondu, et il l'a été : une commission spéciale instituée par décision de M. l'amiral Duperré, du 2 novembre 1835, et composée de M. le baron Delamardelle, maître des requêtes, de M. Nonay, capitaine de frégate, et de moi, a été chargée du soin de cette importante révision.

2ᵉ édition du projet de loi.

La commission s'est préoccupée d'abord de la question de savoir si, en maintenant le droit de répression disciplinaire pour les simples manquements de police, tel que le projet primitif l'établissait, elle devait écarter absolument de son travail toute institution, en matière correctionnelle et criminelle, d'une juridiction exceptionnelle quelconque, de manière que les marins des navires du commerce continuassent d'être jugés, suivant la nature des faits (*délit* ou *crime*), soit par les tribunaux de première instance, soit par les cours d'assises : dans ce cas, elle n'eût eu qu'à régler la pénalité pour les délits et crimes, et à retoucher, sous le double rapport de la juridiction et de la pénalité, la partie relative aux fautes de simple police, en vue principalement de faire entrer dans cette catégorie un plus grand nombre de cas. La commission a pensé que, résoudre par l'affirmative, sans admettre d'exception même à l'égard du jugement des *délits contre la discipline*, la question qu'elle s'était posée, ce serait trop accorder aux exigences du droit commun, et qu'on ferait assurément une part suffisante à ce droit en laissant à la justice ordinaire, avec le jugement des délits et crimes *communs* commis parmi des marins au service du commerce, le jugement des crimes même maritimes, et en se réduisant à ne soumettre à une justice disciplinaire et correctionnelle, de nature spéciale, que les fautes et délits contre la discipline, c'est-à-dire que les fautes et délits essentiellement maritimes.

Économie générale du projet de loi (2ᵉ édition).

C'est de la refonte entreprise dans cet ordre d'idées que la commission a fait sortir le nouveau projet de loi qu'elle avait été chargée de préparer, et qui, du reste, sous le rapport de la *pénalité*, pour les crimes comme pour les délits et fautes maritimes, reproduisant une grande partie de mon travail primitif, établit, suivant les infractions, divers genres et degrés de peines appropriés à tout ce qu'offrent de spécial la position des justiciables et la nature des faits.

Quant à la *juridiction*, le nouveau projet de loi, en ce qui touche les fautes de simple police, confère le droit de répression aux mêmes autorités que le premier projet, et, en ce qui touche les délits maritimes (sauf quelques-uns dont le jugement est laissé à la justice ordinaire), il attribue le droit d'en connaître, en premier et dernier ressort et sans recours en révision ni cassation, à des *conseils de discipline* qu'il crée, et dont l'institution est calquée sur celle des *conseils de justice* établis par la loi du 22 août 1790 et le décret du 22 juillet 1806, pour le jugement des délits des marins de la flotte emportant des peines correctionnelles.

Ce projet se compose de quatre titres, indépendamment de *dispositions préliminaires* qui déterminent le caractère général des actes constituant des fautes de discipline, des délits et des crimes maritimes, et qui posent, relativement à ces actes, comme à tous autres qui pourraient être commis par les diverses personnes embarquées, les principes culminants d'attribution de compétence et d'application de pénalité.

Division du projet (2ᵉ édition).

Le titre 1ᵉʳ traite des *peines*, qu'il spécifie en matière disciplinaire, correctionnelle et criminelle; il définit ensuite les infractions et rattache à chacune d'elles la peine qu'elle comporte, acception faite des distinctions nécessaires entre les délinquants (Matelots.— Capitaines et officiers.—Passagers).

Le titre 2ᵉ traite de la *juridiction* par rapport aux fautes
de simple police et aux délits maritimes, en instituant,
pour le jugement de ces derniers actes (délits maritimes),
les conseils de discipline dont il règle l'organisation.

Le titre 3ᵉ trace la *forme de procéder* en matière de fautes
de simple police et en matière de délits maritimes justiciables des conseils de discipline ; puis, il prescrit le mode de
constatation, tant des délits maritimes réservés aux tribunaux ordinaires, que des délits communs et des crimes maritimes ou non qui doivent également leur être déférés.

Le titre 4ᵉ enfin, sous la rubrique *Dispositions diverses*,
règle plusieurs points d'application de la loi.

**Examen du projet
(2ᵉ édition)
au
conseil d'amirauté.**
Le projet dont il s'agit ayant été remis, en août 1836, à
M. l'amiral Duperré, avec un rapport de la commission, donnant des explications développées sur l'économie de l'ensemble du travail et ses principales dispositions, le ministre
jugea utile de recueillir d'abord, sur un travail de cette nature, l'avis du conseil d'amirauté, à l'examen duquel il fut
renvoyé.

Voici ce qu'on lit dans le procès-verbal des diverses séances que ce conseil y a consacrées (en novembre 1836) :

« Le conseil s'est livré à la discussion approfondie de ce
« projet, qu'il a trouvé très-sagement conçu et rédigé avec
« beaucoup de soin. Il en approuve en conséquence toutes
« les dispositions, sauf les modifications indiquées à l'encre
« rouge sur la minute jointe au présent procès-verbal. Le
« principal changement proposé par le conseil d'amirauté
« porte sur la suppression de la *peine des coups de corde*, éta-

« blie par l'article 11 du projet de la commission, peine
« que, dans l'état actuel de nos mœurs et de nos opinions,
« il ne juge pas admissible. Les motifs des autres modifica-
« tions sont faciles à comprendre à la simple lecture, ce
« qui dispense d'en consigner ici l'explication. »

Tel est l'état dans lequel le nouveau projet de code dis- Examen du projet
(2ᵉ édition)
au comité
de la guerre
et de la marine.
ciplinaire et pénal pour les marins du commerce a été
renvoyé, en février 1837, par M. le vice-amiral Rosamel,
alors ministre de la marine, à l'examen du comité de la
guerre et de la marine du conseil d'État, pour être ensuite
soumis aux délibérations du conseil en assemblée générale.

En conséquence, il a été remis au comité de la guerre
et de la marine :

1° Une expédition lithographiée du texte du projet, portant l'indication, à l'encre rouge, des changements effectués
par le conseil d'amirauté;

2° Le rapport contenant exposé général des motifs, fait
au nom de la commission et de concert entre tous ses membres, par M. le baron Delamardelle, son président;

3° Mon travail primitif (exposé préliminaire, texte et
motifs des divers articles), offrant l'explication de plusieurs
parties du projet nouveau, et pouvant ainsi être utilement
consulté.

> (Plus tard, après mon admission au conseil d'État comme
> maître des requêtes en service extraordinaire, avec autorisation
> de prendre part aux travaux, j'ai remis, à titre de documents
> complémentaires, au comité de la guerre et de la marine, dont
> j'étais devenu membre :)

4° Une lettre)1) en forme de dissertation adressée par moi, le 17 décembre 1832 (avec l'agrément du ministre, feu M. le vice-amiral de Rigny), au rédacteur du *Journal du Havre*, sur une question fort délicate de jurisprudence maritime; ladite lettre donnant, dans la discussion de plusieurs points de controverse, des explications utiles à connaître pour l'appréciation du caractère spécial de la loi projetée au sujet de la répression de l'indiscipline à bord des bâtiments de la marine marchande;

5° Mon rapport (2) du 26 août 1835 à M. l'amiral Duperré, offrant le compte rendu du résultat de mes recherches en Angleterre sur l'état de la législation britannique, touchant la matière.

M. le conseiller d'État Quénault, désigné d'abord pour les fonctions de rapporteur dudit projet, a été, peu après, en raison de son passage à un autre comité, remplacé dans cette tâche, et avant d'avoir pu s'en acquitter, par M. le conseiller d'État Félix Réal.

Enfin, la discussion s'est ouverte à la suite d'un rapport *verbal* fait par l'honorable conseiller rapporteur (et peut-être doit-on regretter que, sur un objet aussi grave, il n'ait point été fait un rapport écrit).

Résultat de la discussion du projet (2ᵉ édition) au comité de la marine.

Pénalité.

Dans le cours d'une discussion qui a occupé un grand nombre de séances (de la fin de 1837 aux premiers mois de 1838), et à laquelle j'ai pris part très-activement, surtout depuis la maladie qui a conduit au tom-

---

(1) Voir cette lettre à la suite de la présente dissertation, p. 203.
(2) Voir ce rapport à la suite de la présente dissertation, p. 89.

beau M. le conseiller d'État Pouyer, alors directeur du personnel de la marine, le comité a examiné successivement et adopté les *dispositions préliminaires* et tout le *titre de la pénalité*, avec les amendements du conseil d'amirauté, sauf quelques sous-amendements et amendements nouveaux.

Deux résultats principaux ressortent de la discussion du titre de la pénalité par le comité :

1° S'associant, ainsi qu'on devait s'y attendre, à l'avis du conseil d'amirauté, il a pleinement accueilli la proposition de supprimer (dans l'article 11, relatif aux peines correctionnelles pour les délits maritimes) la peine des *coups de corde au cabestan;* mais il a maintenu, avec ce conseil, la peine de la *cale*, comprise au même article.

2° Contrairement à l'opinion du conseil d'amirauté, et malgré mon opposition, il a conclu à retrancher du projet, pour les laisser dans la loi d'avril 1825, *tels qu'ils y sont conçus,* les articles 11, 12, 13, 14 et 15 (§ 2), sur les divers faits constituant le crime de *baraterie,* lesquels articles, sauf le § 1er de l'article 15, concernant les vols commis à bord, avaient paru à la commission, comme ils m'avaient paru lors de la rédaction de mon premier travail, devoir être transportés dans le projet avec des modifications jugées indispensables.

Je présenterai plus loin les observations que me suggèrent, eu égard à l'économie du projet de loi et à la position des justiciables, cette suppression de la peine des coups de corde et ce retranchement des articles sur le crime de *baraterie* qui avaient été transportés, avec amendements, de la loi du 10 avril 1825 dans le projet.

Poursuivant le récit de l'examen du projet par le comité de la guerre et de la marine, je passe à ce qui touche la *juridiction*.

Résultat
de la discussion
du projet (2ᵉ édition)
au comité
de la marine.
———
Juridiction.

Arrivé à cette partie du travail, le comité, sans entrer dans l'examen détaillé des dispositions dont se composent les titres qui s'y rapportent, est resté dans les termes d'une discussion générale, par suite de laquelle il a déclaré donner son assentiment, en principe, à l'attribution du droit de punir les *fautes de simple police* dont on proposait d'investir les commissaires de l'inscription maritime, les consuls, les commandants des bâtiments de guerre et les capitaines des navires : cette proposition lui a paru pouvoir être soutenue avec succès. Mais il a manifesté la plus grande répugnance à appuyer d'un vote approbatif la proposition relative à la création de *conseils de discipline* pour le jugement, en matière correctionnelle, des actes constituant des *délits* maritimes. Il a pensé que, dans le cas où, mettant de côté un scrupule puisé dans les principes posés par la Charte, il adopterait cette proposition, elle ne passerait point en assemblée générale du conseil d'État, et que si, contre toute attente, elle venait à y être accueillie, elle échouerait immanquablement devant les Chambres législatives. Ce qui a paru dominer dans l'esprit du comité, comme motif de la répulsion exprimée, c'est qu'il s'agissait d'établir *à nouveau* (chose qui ne lui paraissait point possible sous l'empire de la Charte) une juridiction exceptionnelle d'un degré supérieur au pouvoir de simple police, quelque restreint d'ailleurs que fût le cercle de sa compétence, quelque spécial que fût le caractère des actes sur lesquels cette compétence devait s'exercer. Toutefois, comprenant et admettant le besoin, pour la répression de ces actes, d'un pouvoir judiciaire plus en rapport que les tribunaux ordinaires avec la condition des justiciables et la nature des faits, le comité a pensé finalement qu'on pourrait proposer de conférer cette attribution à la juridiction exceptionnelle, déjà existante, des tribunaux maritimes, dont il est bon de remarquer, en passant, que l'existence légale, sous l'empire de la Charte de 1814 et même de la Charte de 1830, a été reconnue et proclamée par des ordonnances royales inter-prétatives (1), rendues en conseil d'État sur référé législatif, et par des arrêts (2) de la cour de cassation, indépendamment de la confirmation donnée à l'existence de ces mêmes tri-bunaux par la loi du 10 avril 1825. La conclusion du comité de la guerre et de la marine, ci-dessus rapportée, ramenait à l'idée-mère énoncée dans mon travail primitif, avec cette différence toutefois qu'au lieu des tribunaux ma-ritimes *commerciaux* entés par ce projet sur les tribunaux maritimes ordinaires, et dont, à raison des changements no-tables apportés dans la composition de ces derniers, l'ins-titution pouvait être considérée comme une *création nou-velle*, c'étaient les tribunaux maritimes mêmes, dans leur propre constitution, que l'opinion du comité conseillait d'employer, au moyen d'une simple extension de compé-tence sur laquelle je m'expliquerai plus loin, pour le juge-ment, en matière correctionnelle, des délits maritimes com-mis par les marins du commerce.

(1) Ordonnances royales des 14 octobre 1818 et 16 janvier 1822.

(2) Arrêts des 12 avril 1834 ; 14 novembre même année ; 23 janvier 1836.

2

Suspension de la suite de l'examen du projet (2ᵉ édition) au comité de la marine.

Par l'opinion du comité de la guerre et de la marine que je viens de retracer, sur la question de principe touchant la *juridiction*, la discussion du deuxième projet de loi (ou travail de la commission) s'est trouvée interrompue vers le milieu de l'année 1838; et d'ailleurs, à cette époque, M. le conseiller d'État Félix Réal, rapporteur du projet, a cessé de faire partie du comité, où est rentré, en reprenant la tâche des fonctions de rapporteur, M. le conseiller d'État Quénault, qui n'a point tardé à le quitter encore pour passer à un autre comité sans avoir eu le temps de s'occuper de cette tâche, pour laquelle aucun successeur ne lui a été donné. Au reste, un rapporteur nouveau eût-il été nommé, la suite de la discussion n'en serait pas moins restée suspendue, puisque l'opinion du comité avait rendu nécessaire de faire subir une modification fondamentale au système du projet de loi sous le point de vue de la juridiction, modification qui devait entraîner des changements plus ou moins importants dans les autres parties du travail. Si un rapporteur avait existé, j'aurais eu, suivant le vœu du comité, à m'entendre avec lui au sujet de ce remaniement; mais, quoique privé de ce concours, je me suis occupé, au moins par la pensée (l'altération de ma santé ne m'ayant point permis de faire davantage), de tout ce qu'il y aurait à combiner, suivant moi, pour la refonte destinée à produire une troisième et, il faut l'espérer, dernière édition de notre projet de loi; et c'est par le tribut de mes réflexions à cet égard que je terminerai le présent exposé.

3ᵉ édition (à faire) du projet de loi.

Récapitulons ici les points qui nous sont acquis dans les discussions dont la loi projetée a déjà été l'objet au sein du comité de la guerre et de la marine, et qui peuvent être considérés dès lors comme devant triompher encore, ou du moins comme ayant chance de succès, tant auprès de l'assemblée générale du conseil d'État qu'auprès des Chambres législatives, dans les discussions ultérieures dont cette loi aura à subir l'épreuve :

Pénalité. — Incrimination de divers actes constituant des fautes et délits contre la discipline; appropriation des peines, pour ces actes ainsi que pour d'autres déjà prévus par le Code pénal ordinaire, à la position particulière des marins qui s'en rendraient coupables; adoption, en matière disciplinaire et correctionnelle, de plusieurs peines maritimes spéciales, y compris la peine de la cale, mais rejet de celle des coups de corde. — Incrimination et punition de certains actes constituant des délits et crimes maritimes qui rentrent plus ou moins dans les faits d'indiscipline ou qui sont des faits de baraterie, mais refus du transport, dans le projet de loi, avec amendements, des dispositions relatives aux cas de baraterie déjà prévus et punis par la loi du 10 avril 1825.

Juridiction. — En matière de *simple police*, admission de la proposition d'attribuer aux commissaires de l'inscription maritime, aux consuls de France, aux commandants des bâtiments de guerre et aux capitaines des navires, le droit de statuer sans appel, révision ni cassation, sur les *fautes* contre la discipline, et de prononcer les peines y applicables. — En matière *correctionnelle*, reconnaissance du besoin de ne pas laisser aux tribunaux ordinaires le ju gement des actes constituant des délits contre la discipline, ou *délits maritimes;* indication de l'emploi à faire, pour le jugement de ces actes, des tribunaux maritimes déjà existants, et répudiation de l'idée de toute création *nouvelle,* pour cet objet, d'une juridiction exceptionnelle quelconque.

Observations sur la suppression de la peine les coups de corde, et sur le retranchement des articles concernant la baraterie.

J'ai dit plus haut que je présenterais les observations auxquelles me paraissaient devoir donner lieu la suppression de la peine des coups de corde, opérée dans le projet de loi par le conseil d'amirauté ainsi que par le comité de la guerre et de la marine du conseil d'État, et le retranchement fait par ce comité des articles sur le crime de baraterie, qui avaient été transportés, avec amendements, de la loi d'avril 1825 dans le projet de loi.

Ces observations sont utiles à connaître; les voici :

Coups de corde.

Et d'abord, en ce qui touche la peine des coups de corde, et sans vouloir assurément combattre la résolution du conseil d'amirauté sur ce point délicat, adoptée par le comité de la guerre et de la marine, je dirai que c'est très-consciencieusement, après mûres réflexions, que la commission s'était déterminée, d'un accord unanime, à introduire ce genre de peine dans le projet de loi; et certes on reconnaîtra qu'il a fallu, pour amener une telle détermination, une conviction bien puissante, si l'on considère que, sur trois membres dont se composait la commission, deux (M. Delarmardelle et moi) étaient des fonctionnaires appartenant à l'ordre civil. Il est à remarquer d'ailleurs que cette peine, qui figure dans le Code de la flotte (1) au nombre de celles dont sont passibles les marins au service de l'État, n'était point tout à fait une innovation par rapport aux marins au service du commerce. En effet, d'après l'ancienne législation, et notamment d'après l'art. 22 (livre II, titre 1ᵉʳ) de l'ordonnance de 1681, ledit article déclaré toujours en vigueur par l'arrêt déjà cité de la cour royale d'Aix, du 17 septembre 1827, les peines permises à bord

---

(1) L'assemblée constituante, qui, à une époque de régénération sociale et politique, s'est déterminée à inscrire la peine des coups de corde dans la loi du 22 août 1790, toujours en vigueur ; l'assemblée constituante, qui, dans la même loi, insérait une disposition d'après laquelle les maîtres d'équipage et principaux maîtres de nos vaisseaux étaient autorisés à porter, comme par le passé, pour signe de commandement, une *liane,* dont il leur était permis de se servir afin de punir les matelots de mauvaise volonté dans l'exécution des manœuvres ; cette assemblée si éclairée, si remarquable par l'élévation et la générosité de ses sentiments, comprenait assurément, personne ne le contestera, la dignité de l'homme : mais elle comprenait aussi les nécessités, les exigences de la navigation, en faisant acception d'ailleurs des mœurs toutes spéciales des marins, qui n'ont jamais considéré comme dégradant un mode de châtiment qui, par rapport à eux, ne l'est aucunement. Pour juger sainement les choses de la marine, il faut, ainsi que l'a fait l'assemblée constituante, se placer d'abord au point de vue maritime. Au reste, sur cette question de convenance et de nécessité du châtiment des coups de corde, on pourrait, je ne crains pas de le dire, s'en rapporter au jugement des marins eux-mêmes, en se rappelant ce qui se passa à Brest peu de temps après la promulgation du Code pénal de la flotte. Dans l'insurrection grave qui éclata alors, c'est-à-dire les 15 et 16 septembre 1790, parmi les équipages des bâtiments de l'escadre, notamment à bord des vaisseaux *le Patriote* et *le Léopard,* les marins firent entendre, contre la peine des fers *avec un anneau au pied* et surtout contre la peine des fers *avec un anneau et une petite chaîne traînante,* d'énergiques réclamations, qui, après le rétablissement de l'ordre, présentées par eux encore dans une forme respectueuse, parurent à l'assemblée constituante, qui y fit droit par une loi du 2 novembre 1790, devoir être accueillies comme étant fondées sur des sentiments de délicatesse et d'honneur : mais, qu'on le remarque bien, aucune

des navires marchands étaient et sont encore, du moins en principe : la cale; quelques coups de garcette au bout de corde; la mise aux fers; la mise au pain et à l'eau; le retranchement de vin de la ration, etc. Depuis longtemps, en fait, les moyens de punition employés à bord des bâtiments du commerce se réduisent à la mise aux fers et à la mise au pain et à l'eau, ou seulement au retranchement de vin de

---

protestation ne fut par eux articulée, aucune réclamation ne fut par eux présentée contre la peine des *coups de corde,* qui a été maintenue dans le Code de nos vaisseaux. Est-il preuve plus convaincante, est-il démonstration plus décisive, et du caractère non flétrissant et du besoin impérieux, en marine, de ce mode de châtiment ? La conscience des matelots a résolu la question en 1790; elle la résoudrait encore de même aujourd'hui. Ceci m'amène à citer un fait remarquable que j'ai recueilli lors de ma mission en Angleterre, dans l'année 1835. Je faisais route de Londres à Windsor avec un des colonels les plus distingués de l'armée anglaise, et, à l'occasion de l'objet de mes investigations, nous en vinmes à parler de la peine du fouet, qui, comme on le sait, est usitée dans l'armée anglaise. Ce colonel, homme judicieux, ayant résidé en France et connaissant parfaitement nos institutions et nos mœurs, admettait qu'un pareil châtiment était incompatible avec la constitution de notre armée, avec le caractère de nos soldats ; mais il le regardait comme indispensable à l'égard des soldats anglais, tout en rendant, ainsi que je le faisais moi-même, pleine justice à leur courage. Il ajouta que tout récemment, dans une enquête, comme on sait les faire en Angleterre, treize soldats avaient été interrogés relativement à la question du maintien ou de la suppression de cette espèce de châtiment, et que, sur ces treize soldats, onze avaient déclaré en leur âme et conscience que, sans la peine du fouet, pour la conservation de laquelle ils opinaient, il n'y aurait point de discipline possible dans les rangs de l'armée anglaise. Je livre ce fait et le précédent aux réflexions de ceux qui veulent s'éclairer avant de prononcer. Un examen attentif de la question, sous tous ses aspects, les amènera à reconnaître qu'il n'y a point de Code pénal maritime possible, c'est-à-dire réellement efficace, sans la peine des coups de corde, écrite au moins comme menace ; que ce châtiment tout spécial est, dans certains cas, indispensable, et qu'il est tellement commandé par la position exceptionnelle des gens de mer, que, s'il n'existait pas, il faudrait l'inventer.

la ration, et l'on a cessé d'y infliger la peine de la cale et celle des coups de corde, que le capitaine avait le droit de prononcer *de plano*, par voie de discipline (tout comme il prononçait et continue de prononcer les autres peines ci-dessus énumérées). Ce droit subsiste encore rigoureuse-ment; mais l'exercice a dû en être abandonné, depuis sur-tout que, à bord des bâtiments de l'État, la cale et les coups de corde ont été rangés par la loi du 22 août 1790 au nombre des peines afflictives qui ne peuvent être infligées qu'en vertu de la décision d'un conseil de justice. En se dé-terminant à faire revivre pour les marins du commerce, non pas ce droit discrétionnaire du capitaine, mais l'usage du châtiment, subordonné toutefois à la garantie préalable d'un jugement, comme à bord des bâtiments de l'État, la commission a cédé à des considérations impérieuses dont on ne saurait nier l'importance. Il est effectivement d'un haut intérêt que les punitions des gens de mer embarqués, relativement aux actes qui compromettent l'ordre du ser-vice ou la sûreté du bâtiment, suivent de près la faute commise; il est on ne peut plus essentiel aussi que ces pu-nitions n'enlèvent point pour longtemps les hommes à leurs travaux. Or, ces avantages se trouvent à un degré éminent dans la peine maritime des coups de corde, et l'on peut même dire, quelque paradoxale que doive paraître une telle assertion, que ce châtiment est plus nécessaire encore dans la marine marchande que dans la marine militaire; car, dans celle-ci, de nombreux équipages permettent d'en distraire sans inconvénient les hommes que l'on veut mettre aux fers ou en prison, et à l'égard desquels la possibilité de re-nouveler cette punition ou d'en prolonger la durée la rend.

efficace : dans la marine marchande, au contraire, ce n'est
point sans un grand dommage pour le service du bord,
pour les autres marins chargés alors d'un surcroît de travail, qu'un ou plusieurs hommes viennent à être distraits
d'un équipage presque toujours peu nombreux (1); ce qui
fait que, par la mise aux fers, on punit réellement moins
le coupable que ses camarades, à qui sa tâche incombe.
Cette vérité est tellement sentie, que, dans les marines marchandes de l'Angleterre et des États-Unis d'Amérique, la
peine des coups de corde, bien que non consacrée par un
droit formel, existe par la force des choses, sauf au capitaine à en user avec modération. Enfin, je dirai encore,
pour achever de justifier ou d'expliquer la conduite de la
commission, que, dans les divers cas auxquels son projet
rattachait cette peine, elle avait eu la précaution de ne
point l'indiquer seule, mais de la comprendre dans une
réunion de peines de diverses natures dont une était au
choix du conseil de discipline, indépendamment du pouvoir
qui était attribué au président d'atténuer la punition en
l'abaissant d'un degré et même davantage dans l'échelle de
la pénalité. C'était donc moins par l'emploi effectif de ce
châtiment (sauf à l'égard de quelques cas rares) que par la
possibilité de son application, que la commission voulait
produire chez les marins l'intimidation propre à prévenir
certains délits graves ou à en empêcher le renouvellement.
Cependant, malgré tout ce que je viens de dire, je conçois
la difficulté extrême de porter devant nos Chambres légis-

(1) On a déjà vu, page 2, que la moyenne de l'équipage d'un navire expédié
pour le long cours est de quinze hommes. Dans les expéditions pour le grand
cabotage, la moyenne est de huit hommes.

latives la proposition du rétablissement ou de la consécration par une loi nouvelle, pour les marins du commerce, de la peine des coups de corde au cabestan : eh! qui oserait affronter le péril d'une tâche aussi scabreuse, quand un illustre amiral, naguères ministre, le seul homme de la marine peut-être qui, par l'autorité imposante attachée à son nom, eût pu s'en charger avec quelque chance de succès, quand M. l'amiral Duperré lui-même, faisant violence à sa conscience de marin, a déclaré qu'il croyait devoir prudemment ne pas chercher à combattre sur ce point, dans l'état actuel de notre société, les susceptibilités de l'opinion publique?

Je terminerai ce que j'avais à dire sur ce sujet, en constatant ici le dérangement fâcheux qu'a introduit dans l'économie du projet la suppression, sans équivalents indiqués ni possibles, du mode de punition dont il s'agit, et l'embarras que son absence laisse subsister pour la refonte à laquelle il reste à procéder.

Je passe aux observations sur le retranchement fait par le comité de la guerre et de la marine, des dispositions du titre II de la loi du 10 avril 1825, touchant le crime de baraterie, qui avaient paru à la commission devoir être transportées, avec amendements, dans le projet de loi.

Baraterie.

La place de ces dispositions était naturellement marquée dans un projet de loi destiné à statuer sur la répression des crimes, délits et fautes maritimes; et l'idée de les y fondre semblait se justifier d'autant plus que c'était une occasion d'y apporter d'utiles et nécessaires changements.

Le comité de la guerre et de la marine, malgré cette considération, a voulu laisser ces dispositions dans la loi qui les renferme, sans toucher à leur teneur.

Amendements proposés à la loi d'avril 1825. (Baraterie.) Tout en respectant sa volonté, mais aussi peut-être dans l'espoir qu'un nouvel examen l'engagera à revenir sur une détermination qui n'a été accompagnée d'aucune discussion circonstanciée du mérite des amendements proposés, je crois devoir entrer dans quelques explications au sujet de ces amendements. Je me bornerai à des observations sur les points principaux, rapprochées du texte des articles auxquels elles se rapportent.

EXTRAIT DE LA LOI DU 10 AVRIL 1825, TITRE II.

Du crime de baraterie.

ART. 11. Tout capitaine, maître, patron ou pilote, chargé de la conduite d'un navire ou autre bâtiment de commerce, qui, volontairement et dans une intention frauduleuse, le fera périr par des moyens quelconques, sera puni de la peine de mort.

La première remarque que suggère cet article, c'est qu'il est incomplet, en ce qu'il ne prévoit point le cas, rare sans doute, mais possible, où ce serait un officier ou homme de l'équipage qui, à l'insu et sans la participation du capitaine, ferait périr le bâtiment.

Cette expression « *le fera périr* » ne dit point assez ; mieux vaudrait dire : l'aura échoué, perdu ou détruit.....

« ...... dans une intention *frauduleuse* ».... Pourquoi restreindre par cette épithète la cause de la perte à l'intention de commettre ou de couvrir une fraude ? Ne peut-il pas arriver qu'elle soit provoquée par un autre motif, par un

esprit de vengeance, une rivalité? Aussi, l'ordonnance de
1681 (liv. II, tit. 1er, art. 36), à laquelle cet article a été
emprunté, disait : « ...... aura *malicieusement* fait échouer
ou périr son vaisseau...... » Cet adverbe avait un caractère de généralité nécessaire, qu'on reproduirait en substi-
tuant à l'épithète *frauduleuse* l'épithète *criminelle*, et en disant ainsi : « ...... dans une intention criminelle..... »
Il ne faut point perdre de vue que, dans une loi pénale,
les termes ont une valeur rigoureuse.

« .....*par des moyens quelconques* »..... A côté de cette
expression, dont le sens est général, il est à considérer que
les articles 434 et 435 du Code pénal de 1810, les seuls
où le mot *navire* est prononcé, prévoient le cas de destruction d'un navire par le feu ou l'effet d'une mine, et règlent
une pénalité à laquelle, échéant un cas de destruction par
l'un ou l'autre de ces moyens, il faudrait recourir, sans
égard à la loi d'avril 1825. Il est donc nécessaire d'ajouter,
dans ladite loi, à l'expression : « *par des moyens quelconques* »,
les mots : « *autres que celui du feu ou d'une mine* ». Le crime
qu'elle a eu en vue se commet ordinairement, pour ne pas
dire presque toujours, par le moyen de l'échouement ou
de la submersion. Mais, dans ce cas, la disposition par
laquelle elle prononce d'une manière absolue la peine de
mort, quelles que soient les conséquences résultant, quant
aux personnes, de la perte du navire, n'est-elle point d'une
sévérité excessive? Vainement dirait-on que le correctif est
dans l'admission possible des circonstances atténuantes,
rendue facultative maintenant (depuis la loi du 28 avril
1832) en matière de grand criminel : ce remède est chose
fâcheuse comme tempérament général d'une trop grande

rigueur de la loi, et d'ailleurs il peut arriver que les circonstances atténuantes ne soient point admises. Ne puni-
rait-on point d'une manière plus convenable le crime dont
il s'agit, si, par une analogie puisée dans l'article 437 du
Code de 1810, on ne prononçait la peine de mort contre
tous auteurs dudit crime (capitaine, officiers, gens de l'é-
quipage) qu'autant que quelque homicide aurait été le résultat du fait de la destruction du navire, en prononçant
contre tous auteurs aussi la peine des travaux forcés à perpétuité pour le cas où la destruction du navire aurait occasionné des blessures, et, enfin, en prononçant, dans le cas
d'absence d'homicide ou de blessures, le maximum des
travaux forcés à temps contre le capitaine, et le maximum
de la reclusion ou même 10 à 20 ans de travaux forcés
contre les officiers et gens d'équipage? Qu'on veuille bien
remarquer que, dans la perpétration du crime dont il s'agit,
commis presque toujours en vue de tromper les assureurs,
et qui s'accomplit en faisant, au moyen d'une voie d'eau,
couler le navire, le capitaine et tous les hommes de l'équipage sont le plus souvent d'accord; que c'est en mer, à
quelque ·distance des côtes, que le navire est abandonné
au moment de la submersion; que personne ne reste à
bord; que les coupables ont eu soin d'éviter le voisinage
de tout autre bâtiment; que la supposition de la venue
accidentelle, à bord, de quelque personne étrangère à
l'équipage, est inadmissible : qu'ainsi on ne peut pas considérer le navire comme étant alors *habité* ou *servant à l'habi-
tation*, dans le sens intentionnel de la loi, et que par conséquent le fait de la destruction du navire par le moyen du
naufrage, dans les circonstances précitées, ne présente

réellement que le caractère d'un attentat contre la fortune des assureurs, qui semble ne devoir point être punissable, dans tous les cas, de la peine de mort, telle que la prononce d'une manière absolue la loi d'avril 1825.

ART. 12. Tout capitaine, maître ou patron, chargé de la conduite d'un navire ou autre bâtiment de commerce, qui, par fraude, détournera à son profit ce navire ou bâtiment, sera puni des travaux forcés à perpétuité.

Le crime du capitaine qui, abusant de la confiance de ses commettants, détourne à son profit le navire placé sous son commandement, est sans doute fort grave; mais ce n'est là qu'un attentat à la propriété, qu'un vol rentrant dans la classe des vols domestiques que la loi commune (art. 386 du Code de 1810) ne punit que de 5 à 10 ans de reclusion. Ne satisferait-on point suffisamment aux exigences du commerce maritime en prononçant contre le capitaine coupable du détournement d'un navire le maximum de la peine des travaux forcés à temps, au lieu des travaux forcés à perpétuité? Il y a toujours un inconvénient grave dans l'exagération de la pénalité.

ART. 13. Tout capitaine, maître ou patron qui, volontairement et dans l'intention de commettre ou de couvrir une fraude au préjudice des propriétaires, armateurs, chargeurs, facteurs, assureurs et autres intéressés, jettera à la mer ou détruira sans nécessité tout ou partie du chargement, des vivres ou des effets de bord, ou fera fausse route, ou donnera lieu, soit à la confiscation du bâtiment, soit à celle de tout ou partie de la cargaison, sera puni des travaux forcés à temps.

La peine prononcée par cet article semble pouvoir être maintenue pour les divers cas qu'il prévoit, sauf pour celui où le capitaine a donné lieu à la confiscation du bâtiment ou de la cargaison.

Sans doute, le capitaine qui a donné lieu à cette confiscation par l'oubli ou la négligence de quelque formalité n'est point celui que l'article précité a entendu punir : il faut, suivant les termes de cet article, que ce soit dans l'intention de commettre ou de couvrir une fraude au préjudice des propriétaires, chargeurs, assureurs, etc.; mais ces mots expriment-ils bien nettement ce que la loi a voulu dire? Le capitaine qui fait la fraude ou la contrebande en pays étranger surtout (c'est le cas le plus ordinaire), n'a pas l'intention, en commettant cette fraude, de porter préjudice aux armateurs, aux assureurs, etc.: il a en vue un lucre dont le moyen peut leur devenir nuisible : c'est, dans la réalité, au préjudice du gouvernement, dont il cherche à violer les lois de douane, qu'il a l'intention de commettre cette fraude, et c'est *par ricochet*, qu'on me passe l'expression, que cette intention peut arriver à porter préjudice aux armateurs, chargeurs ou assureurs. en un mot, l'intention criminelle n'existe point par rapport aux intéressés au navire ou à la cargaison; il n'y a, à leur égard, que le fait du dommage éventuel, pouvant provenir de la non-réussite d'un acte tenté sans que son auteur ait songé à leur nuire. Mais, en se reportant aux explications du rapport fait à la Chambre des députés, le 30 mars 1825, par M. Pardessus, au nom de la commission chargée de l'examen du projet de la loi d'avril, on voit que c'est précisément ce fait, ce résultat d'une contrebande effectuée par le capitaine pour son propre compte toutefois, que la loi a eu le dessein d'atteindre. Mais alors, encore une fois, a-t-elle dit avec précision ce qu'elle

voulait dire? Or, on se le demande, un fait, un résultat matériel, dépouillé de toute intention criminelle, envers les
intéressés, armateurs, chargeurs ou assureurs; un fait qui
n'a ce caractère intentionnel de criminalité que par rapport
au gouvernement d'un pays étranger dont nous n'avons
point à protéger les lois de douane; un fait de cette nature,
punissable cependant par la France aussi, eu égard au dommage qu'en peuvent recevoir les intéressés, mais punissable dans une juste mesure; un tel fait doit-il attirer à son
auteur une peine afflictive et infamante comme celle des
travaux forcés? Aussi, dans la réunion des capitaines du
Havre, en 1834, lorsque j'en fus venu à leur lire l'art. 13 de
la loi d'avril 1825 avec le commentaire dont la disposition
en question est l'objet dans le rapport de M. Pardessus, n'y
eut-il qu'un cri de protestation contre la rigueur extrême
de la pénalité relative au cas de confiscation résultant de la
contrebande du capitaine pour son propre compte. Ils représentèrent que c'était presque toujours sur l'ordre des armateurs qu'ils faisaient la contrebande en pays étranger, mais
que cet ordre n'étant jamais que *verbal*, ils n'auraient point
la possibilité d'en administrer la preuve; ils représentèrent
encore qu'un changement non connu dans la législation du
pays vers lequel se dirigeaient leurs navires, pouvait amener un cas de confiscation indépendant de toute faute de
leur part, et que le moins qui leur arriverait alors serait
d'être exposés en France, après leur retour, au désagrément
sérieux d'une poursuite au grand criminel. Tous deman-
daient la suppression absolue de la pénalité relative au cas
de confiscation incriminé et puni si rigoureusement par la
loi d'avril. De longs débats se renouvelèrent, à ce sujet, dans

une assemblée générale des membres de la chambre de
commerce du Havre et des capitaines, assemblée où il fut
avoué que, dans toute l'Amérique ci-devant espagnole et
portugaise, la contrebande faisait une partie nécessaire des
opérations du commerce; qu'il n'y avait pas de capitaine
naviguant dans ces parages qui ne fût, en quelque sorte,
obligé de s'y livrer plus ou moins, et qui, par conséquent,
ne courût le risque d'une confiscation, soit de son navire,
soit de sa cargaison; qu'il ne faisait le plus souvent, à cet
égard, que se conformer aux instructions de ses commettants : finalement, on arriva à reconnaître que le capitaine
qui, en s'étant livré à la contrebande pour son compte personnel, sans aucune participation des armateurs ou des intéressés au navire ou à la cargaison, aurait ainsi compromis
volontairement, au préjudice des tiers, le sort des propriétés
à lui confiées, devait être réputé punissable, mais non à
titre de *crime*.

La conséquence de tout ce qui précède est que le cas (à
énoncer dans des termes explicites) du capitaine qui, en
faisant la contrebande, pour son compte particulier et à
l'insu des intéressés, aura, par ce fait, donné lieu, soit à la
confiscation du navire, soit à celle de tout ou partie de la
cargaison, doit descendre du degré de crime à celui de
simple délit emportant une peine correctionnelle, et encore
que l'application de la peine pour un tel délit ne doit, suivant le vœu des armateurs et capitaines consultés au Havre,
être poursuivie qu'autant qu'il y aura plainte d'un intéressé.

Je n'en ai point fini avec l'article 13 de la loi d'avril,
sur lequel je reviendrai tout à l'heure; en parlant du § 2
de l'article 15 relatif aux altérations de vivres et marchan-

dises. Mais je ne l'abandonnerai point ici, sans avoir fait une remarque analogue à celle que m'ont déjà suggérée les mots, « dans une intention *frauduleuse* », que contient l'article 11, concernant le cas de destruction du navire : à savoir, que le sens restrictif des mots de l'article actuel, « dans l'intention de commettre ou de couvrir une fraude..., » amène pour conséquence que l'article 13 ne prévoit point le cas possible où le capitaine aurait, soit jeté à la mer ou détruit tout ou partie des vivres ou du chargement, soit même fait fausse route, en vue de nuire par motif de vengeance ou de rivalité, sans intention aucune de fraude. On pourvoirait à cette insuffisance de la teneur de l'article, en ajoutant aux mots : « dans l'intention de commettre ou de « couvrir une fraude », ceux-ci : « ou dans un dessein crimi-« nel quelconque. »

Enfin, il faut prévoir le cas où ce serait un officier ou marin de l'équipage qui, à l'insu et sans la participation du capitaine, aurait, soit jeté à la mer ou détruit des vivres ou objets de cargaison, soit donné lieu à la confiscation du navire ou des marchandises par le fait d'une contrebande tentée ou consommée pour son compte particulier.

Art. 14. Tout capitaine, maître ou patron, qui, avec une intention frauduleuse, se rendra coupable d'un ou plusieurs des faits énoncés en l'art. 236 du Code de commerce, ou vendra, hors le cas prévu par l'art. 237 du même Code, le navire à lui confié, ou fera des déchargements en contravention à l'art. 248, sera puni de la reclusion.

Il semble qu'on peut maintenir, tel qu'il est, cet article, qui a eu pour objet de donner une sanction à diverses obligations ou prohibitions imposées par le Code de commerce aux capitaines. Je me bornerai donc à rapporter ci-des-

3

sous le texte des articles dudit Code (1) auxquels s'applique
cette sanction, en faisant remarquer toutefois que peut-être
il cût été à désirer que l'article 14 de la loi d'avril 1825
eût été rédigé de manière à bien exprimer que la loi n'a
entendu punir de la peine de la reclusion le capitaine qui
aurait vendu le navire ou déchargé des marchandises hors
des conditions prescrites, qu'autant qu'il se serait approprié le prix de la chose (navire ou marchandises) ainsi
vendue ou déchargée pour être vendue; car on ne saurait
voir que dans ce cas le degré de criminalité propre à motiver l'application d'une peine aussi grave que celle de la
reclusion.

Art. 15. L'art. 386, § 4, du Code pénal, est applicable aux vols
commis à bord de tout navire ou bâtiment de mer, par les capitaines,
patrons, subrécargues, gens d'équipage et passagers.

L'art. 387 du même Code est applicable aux altérations de vivres
et marchandises commises à bord par les mêmes personnes.

Occupons-nous d'abord du premier paragraphe de l'article ci-dessus transcrit.

---

(1) Code de commerce:

Art. 236. «Le capitaine qui aura, sans nécessité, pris de l'argent sur le
«corps, avitaillement ou équipement du navire, engagé ou vendu des mar-
«chandises ou des victuailles, ou qui aura employé dans ses comptes des
«avaries et des dépenses supposées, sera responsable envers l'armement, et
«personnellement tenu du remboursement de l'argent ou du payement des
«objets, sans préjudice de la poursuite criminelle s'il y a lieu.»

Art. 237. «Hors le cas d'innavigabilité légalement constatée, le capitaine ne
«peut, à peine de nullité de la vente, vendre le navire sans un pouvoir spécial
«des propriétaires.»

Art. 248. «Hors les cas de péril imminent, le capitaine ne peut décharger
«aucune marchandise avant d'avoir fait son rapport, à peine de poursuites
«extraordinaires contre lui.»

A la première lecture de ce paragraphe, on est conduit
à penser que le législateur de 1825 a voulu punir de la
peine de la reclusion, qui est celle portée par l'art. 386 du
Code pénal, toute espèce de vol commis à bord d'un navire ou bâtiment de mer, soit que l'objet soustrait, quelle
qu'en soit d'ailleurs la valeur, ait été dérobé dans la cam
buse ou la cargaison, soit qu'il ait été dérobé par un homme
de l'équipage dans le sac ou le coffre d'un autre homme embarqué. Cependant un doute ne tarde point à naître relativement à ce dernier cas. En effet, la loi de 1825 ne dit
point : « *La peine* prononcée par l'art. 386 du Code pénal
est applicable, » ce qui trancherait la difficulté; elle dit :
« L'art. 386 est applicable, » ce qui est un renvoi et à la peine
et au contexte de l'article; bien plus, elle mentionne le § 4
dudit article. Or, ce § 4, que les tribunaux jusque-là hési-
taient à appliquer aux bâtiments de mer, d'après le principe que l'on ne peut ajouter à la loi, en matière pénale
surtout, est celui qui se rapporte au vol commis par un au-
bergiste, un hôtelier, un voiturier, un batelier ou un de
leurs préposés, *lorsqu'ils ont volé tout ou partie des choses qui
leur étaient* CONFIÉES À CE TITRE. Donc, on est amené à con
clure que le vol que commettrait un matelot au préjudice
d'un autre matelot embarqué avec lui sur le même navire,
ne doit point être rangé dans la catégorie des vols punissables de la reclusion, et tombe sous l'application de la disposition générale de l'art. 401, qui ne prononce qu'une
peine correctionnelle. Toutefois, on peut douter que telle
ait été l'intention de la loi de 1825, surtout si l'on considère que son renvoi à l'art. 386 du Code pénal, pour la punition du vol à bord d'un bâtiment de mer, comprend

3.

aussi le *passager,* qu'elle a assimilé par là à l'individu qui, suivant la dernière partie du § 4 dudit art. 386, retranchée par la loi du 28 avril 1832, avait commis le vol *dans l'auberge ou l'hôtellerie dans laquelle il était reçu.* Qu'on remarque bien encore que, relativement à cette dernière disposition, et longtemps avant la promulgation de la loi de 1825, des arrêts de cassation (1) avaient décidé que l'art. 386 était applicable au vol commis par une personne reçue dans une hôtellerie, au préjudice d'une autre personne reçue. Or, si de tout cela il résulte que l'intention de la loi de 1825 a été de punir de la reclusion le passager qui aurait volé un objet appartenant à un autre passager ou à un homme de l'équipage, peut-on supposer qu'elle n'ait point entendu, et *à fortiori,* punir de la même peine le matelot qui aurait volé un objet appartenant à un autre matelot ou à un passager? L'analogie est frappante; le cas est même identique, et la conséquence rigoureuse s'ensuit ou doit s'ensuivre. Quoi qu'il en soit, si un doute peut rester encore sur ce point, du moins est-il certain que, d'après le vœu de la loi de 1825, combinée avec l'art. 386 du Code pénal, le vol le plus minime d'un objet dérobé par un matelot, soit dans la cambuse, soit dans la cargaison, soit parmi les agrès du navire, rend son auteur passible de la reclusion. N'est-ce point là une punition excessive dans sa généralité? Et s'il peut paraître convenable de la maintenir pour tous les vols, quelle qu'en soit la valeur, commis par un officier ou le capitaine, ne devrait-on point admettre, à l'égard des hommes de l'équipage, un tempérament pour les vols qui, par la mo-

---

(1) 8 août 1811; 16 avril 1813.

dicité de la valeur de l'objet dérobé, peuvent être considérés comme vols simples, rentrant dans la classe des larcins et filouteries; c'est-à-dire se borner à punir d'une peine *correctionnelle* le matelot auteur d'un vol commis à bord, quand la valeur de l'objet soustrait serait au-dessous de dix francs, en ne faisant commencer l'application de la peine de la reclusion qu'à partir de dix francs? On trouve des exemples de pareille distinction, par rapport à la valeur, dans l'ancienne législation (1), qui fixait la limite de dix livres entre les vols ordinaires et les vols graves commis à bord des navires par les matelots. ainsi que dans la loi du 12 octobre 1791, qui (titre II, art. 3) répute «délits de police tous les vols simples au-dessous de six livres commis dans les arsenaux;» on trouve même aussi, dans le Code pénal des vaisseaux du 22 août 1790, une différence de peine relativement à certains vols, fondée sur la valeur des objets dérobés. Voilà bien des motifs à l'appui de la proposition de tempérament ci-dessus énoncée pour les vols de peu d'importance commis à bord par les hommes de l'équipage. La modification que subirait, à cet égard, le § 1er de l'art. 15 de la loi de 1825, paraît conforme à la raison, à la justice, à l'intérêt de la répression; car on ne concevra jamais que la peine afflictive et infamante de la reclusion vienne à bon droit frapper le matelot qui, par exemple, aura pris de quoi *bourrer sa pipe* ou *faire une chique* dans un boucaut de tabac. De là, impunité pour une multitude de petits vols commis aujourd'hui à bord des navires, et qui seraient réprimés si

(1) Voir commentaire de Valin sur l'article 6 (titre VII, livre 11) de l'ordonnance de 1681.

la punition en était rendue possible par l'existence d'un châtiment proportionné à leur degré d'importance.

Mais si le § 1ᵉʳ de l'art. 15 de la loi de 1825, concernant les vols, a paru devoir être modifié dans un sens d'at-
ténuation, c'est dans un sens contraire, ou d'aggravation,
que semble devoir être modifié le § 2 du même article, qui
rend applicable aux altérations de vivres et marchandises
commises à bord des bâtiments de mer, l'article 387 du
Code pénal, lequel article, devenu ainsi applicable avec
ses distinctions, prononce :

1° La peine de la *reclusion* contre les voituriers, bateliers ou leurs préposés, si l'altération des liquides et marchandises dont le transport leur avait été confié a eu lieu
par le mélange de substances *malfaisantes;*

2° La peine d'un *emprisonnement* d'un mois à un an,
avec une *amende* de 16 à 100 francs, si l'altération a eu
lieu par le mélange de substances *non malfaisantes.*

Pour le premier cas d'altération, point de difficulté.

Le second cas mérite attention, car il donne lieu à beaucoup de remarques, et c'est à lui que se rapporte la proposition d'amendement dans un sens d'aggravation de la
pénalité, sans toutefois en changer la nature.

Établissons bien la position de l'individu (le plus souvent le capitaine) qui se rend coupable de ce genre d'altération :

1° Ou il se borne à ajouter méchamment, par motif de
vengeance ou autre, à une denrée ou marchandise, une
certaine quantité de denrée ou marchandise de mauvaise
qualité ou de qualité inférieure, mais non malfaisante, dont
la présence déprécie la première;

2° Ou il retire, en vue d'une fraude au préjudice du chargeur, une portion de denrée d'un colis ou boucaut, et substitue une portion égale d'une denrée de même espèce, de qualité inférieure, à la portion retirée qu'il s'approprie ;

3° Ou, d'accord avec le chargeur, en vue d'une fraude au préjudice de l'assureur, il retire une portion de denrée d'un colis ou boucaut assuré, substitue à cette portion retirée, qu'il conserve pour la vendre à son profit et à celui de son complice, une portion égale de pareille denrée ou de toute autre, de qualité inférieure, afin de maintenir provisoirement le plein du boucaut ou de la barrique ; puis, au moyen d'un sinistre simulé, le boucaut est détruit ou jeté à la mer, pour amener le payement du montant de l'assurance.

De ces trois cas d'altération par mélange de substances *non malfaisantes*, le premier est le seul qui tombe sous l'application de la peine correctionnelle prononcée par l'article 387 du Code pénal, peine qui, bornée à un emprisonnement d'un mois à un an et à une amende de 16 à 100 francs, est évidemment insuffisante et semble devoir être plus élevée, tant dans son minimum que dans son maximum, par rapport aux bâtiments de mer, où l'altération des vivres et même des marchandises présente un caractère de gravité tout autre qu'à bord de la barque d'un batelier.

Quant aux deux autres cas, il est évident que le coupable n'en serait pas quitte pour la peine correctionnelle relative au délit d'altération, mais qu'il encourrait, dans le cas n° 2, la peine de la reclusion, sous le point de vue du vol (§ 1er de l'art. 15 de la loi de 1825), et dans le cas n° 3 la peine des travaux forcés à temps, sous le point de vue du *jet à la mer sans nécessité, en vue de fraude* (art. 13 de la même loi).

Le rappel de cette dernière disposition m'amène à compléter mes observations sur ledit art. 13, au sujet duquel j'ai annoncé qu'il me restait quelque chose à dire.

Cet article ne donne le moyen d'atteindre que d'une manière indirecte, et encore que dans le cercle très-restreint tracé par sa rédaction, un crime que la loi aurait dû prévoir explicitement, et que j'appellerai le crime de *faux par supposition de marchandise.*

Ce crime, malheureusement fort commun, consiste à simuler l'existence d'une marchandise de haute valeur, à baser sur cette fiction un contrat d'assurance, puis à amener le payement de la somme, objet du contrat, en jetant à la mer ou détruisant, sous prétexte de mauvais temps, de sinistre, la chose assurée qui n'est qu'une marchandise sans valeur, d'une tout autre espèce que la marchandise déclarée. C'est ainsi, il y a peu d'années, et les archives du ministère de la marine en font foi, que des barils dits de *cochenille,* assurés sous cette dénomination pour une somme considérable, étaient remplis de patates; qu'une caisse dite de *dentelles* renfermait des *chiffons;* que des bouteilles dites de *vin de Bordeaux* contenaient, au lieu de ce liquide, du *terreau,* etc.

L'article 13 de la loi de 1825, suivant le rapport, déjà cité, de M. Pardessus, a surtout pour objet, y est-il dit, d'atteindre le crime que je viens de spécifier; mais il ne l'atteint que relativement au moyen ordinaire qui clôt la série d'actes que comporte sa perpétration, c'est-à-dire relativement au *jet à la mer sans nécessité.* C'est ce fait seulement, quand le jet a eu lieu et que la non-nécessité en est démontrée par l'absence d'un véritable sinistre, qui est puni par le juge : la simulation de la chose assurée n'est, en pareil cas, que présumée; elle s'induit seulement de la non-nécessité du jet.

Voici maintenant des hypothèses où l'art. 13 de la loi de 1825 ne pourrait recevoir son application.

PREMIER EXEMPLE. — Des marchandises ont été jetées à la mer, avec toutes les formalités prescrites par le titre 12, livre II, du Code de commerce. La nécessité du jet est bien établie, et par la réalité de la tempête, et par la position que les marchandises occupaient dans l'arrimage. Cependant on vient à recueillir tout ou partie des colis jetés, et l'on découvre que leur contenu est tout autre que celui qui a été déclaré et assuré.

DEUXIÈME EXEMPLE. — Répétition du premier exemple, avec cette circonstance que les colis frauduleux ont été jetés à la mer en même temps que des colis de bon aloi, ce qui vient encore corroborer la démonstration de la nécessité du jet.

TROISIÈME EXEMPLE. Des marchandises ont été assurées sous une fausse dénomination. Avant que le jet à la mer prémédité par le capitaine ait pu être exécuté, une vérification inopinée faite, soit dans le port même d'expédition, soit dans un port où le capitaine a été subitement forcé de relâcher, amène à découvrir l'existence de la marchandise supposée.

QUATRIÈME EXEMPLE Répétition du troisième exemple,

avec cette différence, qu'avant l'exécution du jet prémédité il est survenu un naufrage réellement involontaire, à la suite duquel, par l'effet des opérations de sauvetage, la supposition de marchandise vient à être révélée.

Comme je l'ai dit, dans aucune de ces hypothèses, qui certes, et l'expérience le démontre, ne sont point purement imaginaires, l'article 13 de la loi de 1825 ne serait applicable. Et lors même que, par voie d'interprétation, on arriverait à appliquer aux divers cas dont il s'agit l'article 405 du Code pénal dans celle de ses définitions de l'escroquerie qui se rapporte à *l'emploi de manœuvres frauduleuses pour persuader l'existence de fausses entreprises,* quelle serait la peine prononcée?.... une peine correctionnelle seulement : l'emprisonnement et l'amende. Est-ce là ce que le législateur de 1825 a voulu? Non, sans doute. Ne convient-il point dès lors que le cas de supposition de marchandise en vue d'escroquer à l'assureur le capital de l'assurance soit prévu expressément, abstraction faite de la circonstance du jet à la mer, qui, comme on vient de le voir, n'a point toujours lieu, afin qu'un crime aussi grave soit frappé du châtiment rigoureux qu'il doit attirer à son auteur?

Mais cette lacune n'est point la seule que la loi de 1825 ait laissé à combler, et l'on doit s'étonner qu'elle n'ait point donné une sanction pénale à diverses dispositions du Code de commerce dont la violation n'expose aujourd'hui le capitaine prévaricateur qu'à des réparations civiles, comme elle en a donné une aux articles 236, 237 et 248, dont l'infraction ne faisait aussi peser sur le capitaine qu'une responsabilité pécuniaire, à laquelle ladite loi a ajouté, dans l'intérêt public, la garantie d'une punition poursuivie au nom de la société.

Il est donc indispensable de statuer par l'infliction d'une pénalité :

1° Sur le cas du capitaine qui, contrairement à la prescription de l'article 241 du Code de commerce, emprunté à l'ordonnance de 1681 (liv. II, tit. 1er, art. 26), a abandonné son navire pendant le voyage, pour un danger quelconque, sans l'avis des officiers et principaux marins de l'équipage, ou qui, ayant pris leur avis, a abandonné le navire sans sauver ce qu'il pouvait emporter d'argent et des marchandises les plus précieuses du chargement.

2° Sur le cas du capitaine qui, dans la circonstance d'un danger, méconnaissant un devoir (ordonnance de 1681, art. 26, tit. 1er, liv. II, notes) dont l'infraction attire au commandant d'un bâtiment de l'État une punition si sévère (Code du 22 août 1790, tit. II, art. 35, § 2), et acception faite toutefois de la différence des positions, n'a point été le dernier à quitter son bâtiment.

3° Sur le cas du capitaine qui, hors la circonstance d'un danger quelconque, rompant son engagement et violant une obligation plus étroite pour lui que pour les autres hommes de l'équipage, a volontairement, et sans avoir été régulièrement remplacé, abandonné son navire pendant le voyage (Code de commerce, art. 238, renouvelé de l'art. 21, tit. 1er, liv. II, de l'ordonnance de 1681); désertion grave, punissable surtout si elle a été consommée en mer, au moyen de l'enlèvement d'une embarcation du navire.

4° Sur le cas du capitaine qui a mis en mer sans avoir à

bord le rôle d'équipage. (Art. 226 et 228 du Code de commerce; anciens règlements.)

5° Sur le cas du capitaine qui a négligé ou refusé de faire visiter son navire aux époques et dans les formes prescrites. (Art. 225 et 228 du Code de commerce; loi du 13 août 1791; déclaration du 17 août 1779.)

Fin de la digression sur la baraterie.

—

Résumé.

Par cette longue digression sur les crimes et délits de *baraterie*, qui n'est point assurément un hors-d'œuvre, je crois avoir prouvé victorieusement le besoin de corriger la loi du 10 avril 1825 dans ce qu'elle a d'imparfait, et de la compléter dans ce qu'elle a d'insuffisant. Si cependant, même après avoir pris connaissance des explications qui précèdent, le comité de la guerre et de la marine du conseil d'État, ce que je ne puis admettre, persistait à penser qu'il ne faut point toucher à la teneur actuelle des articles compris au titre II de ladite loi, du moins, et le comité ne paraît point devoir s'y opposer, y aurait-il lieu de s'occuper, par voie d'addition, au moyen d'une insertion dans la loi projetée, des cas qu'elle n'a point prévus ou auxquels elle n'a point donné de sanction pénale; et ce serait encore une amélioration fort désirable.

Reprise de la suite de ce qui concerne l'objet principal du projet de loi (3e édition).

Je reviens maintenant à ce qui doit faire l'objet spécial du projet de loi, dont une troisième édition est à préparer.

En matière de répression d'indiscipline, la rapidité du châtiment est le point important.

Fautes de simple police.

Par rapport aux *fautes de simple police*, le projet de loi, dans ses deux premières éditions, pourvoyait pleinement à ce besoin de prompte répression : il y pourvoira encore, dans l'édition nouvelle à faire, puisque, des discussions auxquelles a déjà été soumis ce projet, est sortie victorieuse la partie du travail qui attribue le droit de punir les fautes de cette espèce, aux commissaires de l'inscription maritime, aux consuls, aux commandants des bâtiments de l'État, aux capitaines des navires. Ainsi, en quelque lieu que se trouve le navire, en France, aux colonies, à l'étranger, en mer, les manquements à la discipline seront, sans retard, inévitablement atteints. Cette punition des fautes légères est, il ne faut pas s'y tromper, un point d'une haute importance. L'impunité qui les suit aujourd'hui, en raison de la lacune si fâcheuse que présente à cet égard la législation actuelle, est la source primordiale des désordres dont on se plaint ; les manquements se multiplient par l'habitude de les commettre impunément : là se trouve le germe des révoltes sérieuses qui éclatent plus tard, à bord des navires, dans le cours des voyages. Punir les simples fautes, mais les punir partout et avec promptitude, c'est donc attaquer le mal dans sa racine. Ici il faut bien répondre aux gens qui croient avoir tout dit en se bornant à cette demande, répétée sans cesse : «Donnez des pouvoirs aux capitaines de la marine «marchande; armez les capitaines de pouvoirs suffisants. » Mais ce droit de correction, les capitaines, comme on l'a vu plus haut, le possèdent, même dans une assez large mesure ; seulement ils ne peuvent en user, ou du moins que fort rarement, soit à cause de l'inconvénient de distraire des travaux du bord un ou plusieurs des hommes qui y sont tous nécessaires, soit par la crainte de rencontrer quelque obstacle à l'exécution de leur décision contre l'homme ou les hommes à punir, dans la résistance des autres matelots. C'est pour suppléer à cette insuffisance que l'autorité maritime, consulaire ou militaire, viendra désormais en aide, d'après le projet de loi, à l'autorité du capitaine, dont elle vivifiera, en la partageant, la juridiction, qui cessera ainsi d'être une *lettre morte;* car le capitaine pourra faire punir quand lui-même, par une cause quelconque, il n'aura point puni.

Délits contre la discipline. Relativement aux *fautes graves* ou *délits* contre la subordination, il eût été à désirer qu'on eût pu les réprimer avec non moins de promptitude, et c'est à quoi satisfaisait, surtout (qu'on le remarque bien!) avec le concours de son système de pénalité, la seconde édition du projet de loi, par l'institution de *conseils de discipline* (1), d'une formation rapide et facile, qui étaient appelés à prononcer en France, aux colonies, à l'étranger, et qui devaient s'assembler soit à terre, soit à bord du navire du délinquant, soit à bord d'un bâtiment de guerre.

En perdant, par le rejet de l'institution des conseils de discipline, l'avantage d'une répression aussi rapprochée du délit, on trouvera encore le bénéfice d'une répression rapide, au moins par les formes de procédure, dans l'emploi des tribunaux maritimes ordinaires, dont d'ailleurs l'établissement peut être étendu des ports de la métropole aux colonies. On trouvera surtout dans ces tribunaux, quoiqu'à un degré moindre que dans les tribunaux maritimes *commerciaux* dont la première édition du projet de loi proposait l'institution, qui a été écartée, l'avantage d'une aptitude à

---

(1) Il importe d'observer que, par la manière dont ces conseils de discipline étaient organisés, l'exécution de leurs décisions aurait toujours été assurée.

apprécier les faits au point de vue maritime, qui en assurera
la répression, rendue aujourd'hui, par l'action des tribunaux ordinaires, quand ils sont appelés à statuer, si souvent
illusoire. Il ne suffit point, en effet, que la pénalité ait été
adaptée à la position spéciale des délinquants; il faut encore, il faut surtout un instrument intelligent pour l'appliquer : par la combinaison de ces deux moyens, on rendra la
punition certaine et efficace. Cette certitude de punition
pour les fautes graves, au retour en France ou en cas d'abord
dans une colonie française, présente encore, à défaut d'une
répression plus rapprochée du délit, une importance véritable qu'il ne faut point méconnaître, si l'on considère d'ailleurs que les fautes légères auront presque toujours été immédiatement punies. Et qu'on n'aille pas croire, comme
quelques personnes le prétendent, que la certitude d'un châtiment différé aura, dès que les matelots y ajouteront foi,
l'inconvénient de les porter à la désertion. Cependant, les
personnes qui font cette objection, plus spécieuse que solide, reconnaissent la difficulté d'appliquer, surtout en mer,
à bord des bâtiments du commerce, même les peines purement disciplinaires de la mise aux fers ou de la prison, d'une
durée très-limitée; elles reconnaissent aussi que l'opinion
dominante fait obstacle à l'emploi des châtiments corporels;
et s'attachant principalement à ce qui concerne les navires
baleiniers où les actes de désobéissance, de refus de travail,
d'insubordination, sont le plus fréquents (1) et entraînent
le plus de dommage, elles demandent, comme remède, au
moins provisoire, que les capitaines aient le pouvoir de pro-

Conséquence de la certitude d'un châtiment différé.

Examen d'une objection faite à ce sujet.

---

(1) Dès 1835, dans mon rapport sur ma mission en Angleterre, j'avais

noncer contre leurs hommes diverses amendes par des déci
sions immédiatement rendues. Mais de ce qu'un matelot,
dans le système du projet de loi, aura la certitude que, sur
la plainte du capitaine, une condamnation à l'amende par
jugement d'un tribunal spécial doit l'atteindre au retour,
s'ensuivra-t-il qu'il sera plus porté à déserter que si cette
condamnation émane sur-le-champ d'une décision souve-
raine du capitaine? Sera-t-il même porté à déserter par la
perspective de subir, au retour, la peine de la mise aux fers
ou de la prison, prolongée au delà de la limite où elle cesse
d'être purement disciplinaire pour devenir peine correctionnelle? Un matelot qui sait que, par la désertion, il encourt la perte de la totalité de ses salaires ou parts, y
regarde à deux fois, sans parler de tant d'autres considérations, avant de prendre ce parti extrême. Il ne le prend
que s'il a à redouter, au retour, l'application d'une peine
très-sévère : or, dans ce cas, il est donc sous la prévention
d'un délit grave ou d'un crime; mais alors, au premier port
de relâche dans une colonie française ou en pays étranger,

---

signalé cette fréquence des révoltes sérieuses à bord des bâtiments baleiniers,
en en spécifiant les causes.

Voici comment je m'exprimais :

« En Angleterre comme en France, c'est principalement à bord des bâti-
» ments baleiniers qu'ont lieu les actes de révolte que les deux marines dé-
» plorent. On se rendra compte de ce fait, si l'on considère que la pêche de la
» baleine comporte de très-longs voyages, expose les hommes à beaucoup de
» fatigues, de privations et de dangers, toutes causes qui aigrissent leur carac-
» tère, et si l'on considère, en outre, que, pour ce genre de navigation, les
» marins, étant engagés *à la part d'un profit éventuel*, se croient le droit de
» faire des représentations qui finissent par aller jusqu'à la révolte, quand le
» succès de la pêche leur paraît compromis par les vices du matériel d'arme-
» ment ou par l'incapacité des chefs de pirogues et des harponneurs. »

à la première rencontre d'un bâtiment de guerre, le capitaine peut livrer le prévenu à l'autorité maritime, consulaire ou militaire, qui le fait arriver là où il doit recevoir le châtiment qui lui est réservé. Le capitaine a d'ailleurs le droit (et il faut espérer qu'une complicité ou sympathie coupable ne l'empêchera point toujours d'en user), il a, dis-je, le droit de détenir aux fers ou en état d'amarrage, pendant un temps prolongé jusqu'à remise possible à l'autorité, tout homme dangereux ou sous le poids d'une inculpation grave. Voilà certes un moyen qui peut être employé, au moins durant les relâches, même à l'égard d'un prévenu de délit, quand le capitaine devra ne point le débarquer pour le livrer à l'autorité; et assurément, par là, on préviendra l'évasion, praticable seulement dans une rade ou un port, car elle n'est point à redouter en mer. Mais, encore une fois, c'est trop se préoccuper d'une crainte sans fondement réel et que l'expérience des marines marchandes des États-Unis et de l'Angleterre, où les délits, comme les crimes, commis à bord des navires du commerce, ne sont punis qu'au retour, vient démentir. Ce n'est point, en effet, dans la perspective des châtiments, dans le désir d'en éviter l'application, qu'est la cause de ces désertions qui affligent le commerce maritime et, en particulier, le nôtre : elle est surtout, sans parler du caractère aventureux propre à la classe des gens de mer en général, dans cet amour du changement, dans cet espoir du mieux, qui rendent certains marins accessibles aux atteintes d'un système d'embauchage usité dans beaucoup de pays, et dont le résultat n'est pour eux trop souvent que de les laisser en proie à d'amères déceptions. Ainsi donc, je le répète, avoir assuré, au retour

4

des navires en France, la punition des délits des marins du commerce, ce sera, quoi qu'on en dise, avoir trouvé un très-bon moyen pour les réprimer et, par cela même, pour les prévenir. Qu'on tienne compte d'ailleurs de cette observation essentielle : à savoir, que nos navires, en rentrant en France, trouveront des tribunaux maritimes prêts à fonctionner dans les principaux ports de commerce (chefs-lieux de sous-arrondissement maritime), où le décret du 12 novembre 1806 permet d'en établir, aussi bien que dans nos grands ports militaires; tandis qu'en Angleterre toutes les affaires criminelles maritimes qui ont pris naissance à bord des navires du commerce viennent à Londres (1) pour le jugement, soit devant le tribunal d'amirauté, soit, et plus habituellement, devant le tribunal criminel central. A la vérité, cependant, les délits des marins des navires anglais peuvent aussi, en cas d'abord dans une colonie, y être jugés par un tribunal de vice-amirauté, dont la réunion a lieu, pour cet objet, sur l'ordre du gouverneur (2). C'est un trait de similitude avec ce qui se pratiquera chez nous, d'après le système de la troisième édition du projet de loi, puisque cette édition, comme le faisait la première, par rapport aux tribunaux maritimes *commerciaux*, contiendra la proposition d'établir aussi dans nos colonies, pour le jugement des délits commis à bord des navires du commerce, des tribunaux maritimes ordinaires qui, en cas d'abord ou de relâche, se réuniront sur l'ordre du gouverneur, quand il y aura lieu.

---

(1) Voir mon rapport sur ma mission en Angleterre, p. 93.
(2) Voir le même rapport, p. 95.

(51)

Mais obtiendrons-nous l'extension de compétence qui autoriserait les tribunaux maritimes à prononcer, en matière correctionnelle, sur les délits commis par les marins des navires du commerce? Oui, il faut l'espérer; car l'application de leur juridiction au jugement de pareils actes n'a rien d'exorbitant, car elle est dans la nature des personnes et des choses. La position d'un marin embarqué, même au service du commerce, n'est point du tout celle d'un citoyen ordinaire; elle participe tout à la fois de l'ordre civil et de l'ordre militaire. Cette vérité, incontestable dans tous les pays, l'est principalement en France, où les gens de mer, par le fait seul de leur emploi au service du commerce, se trouvent soumis au régime spécial des classes, dont les liens les accompagnent dans tout le cours de leur carrière (1) : chez nous, la marine marchande est l'avenue de la marine militaire; la première est, par rapport à la seconde, si je puis m'exprimer ainsi, le *piédestal* de la *statue*. Par là, j'ai déjà répondu à l'objection des gens qui, repoussant l'idée de ranger les marins des navires du commerce sous une juridiction exceptionnelle quelconque, ne veulent voir dans le capitaine d'un navire qu'un *chef d'atelier*, dans les matelots de l'équipage que des *ouvriers* d'une fabrique, et réclament obstinément, pour les uns et les autres, l'application stricte des règles du droit commun. Étrange et déplorable confusion! Il faut pourtant bien s'arrêter encore un peu à la combattre, puisque malheureusement cette opinion est exprimée par beaucoup de personnes, très-sensées d'ailleurs,

(1) Voir les développements de cette opinion dans ma lettre au rédacteur du Journal du Havre, du 17 décembre 1832, à la suite de la présente dissertation, p. 203.

4.

parmi celles qui sont appelées à statuer un jour sur le
sort de notre projet de loi. Eh quoi! vous assimilez à un chef
d'atelier, qui est à terre, entouré de moyens de protection,
sous l'égide toujours présente de l'autorité dont l'action,
par lui invoquée, vient à l'instant faire rentrer les ouvriers
sous ses ordres dans le devoir; vous assimilez à un chef
d'atelier le capitaine de navire, livré à lui-même sur l'im-
mensité des mers, éloigné de tout secours, dont le pouvoir
n'a de force que par le prestige du commandement, par le
respect pour sa personne, l'obéissance à ses ordres, dont
la gestion embrasse, sous la sauvegarde de son autorité,
indépendamment de la conservation des hommes, celle
d'intérêts bien autrement considérables que ceux circons-
crits dans le cercle des opérations d'un atelier ou même
d'une fabrique! vous assimilez à un chef d'ouvriers le capitaine, qui est, non pas seulement le conducteur du bâtiment,
mais aussi, par la force des choses, à l'égard des hommes embarqués avec lui, officier d'état civil (1), notaire (2), officier
de police judiciaire (3), juge même (4); qui est, en un mot,
le magistrat du navire!.... Cette appréciation véritable des divers caractères que résume en sa personne le capitaine, me
conduit à dire, en passant, que rien ne serait plus logique,
plus rationnel, comme rien n'est plus indispensable, que
d'étendre enfin à la rébellion des matelots envers le capitaine, qui échappe aujourd'hui à toute punition, les dispositions, sauf quelques modifications, du Code pénal de 1810,

(1) Code civil, art. 59 et 86.
(2) Ibid. art. 988.
(3) Ordonnance de 1681, livre II, titre 1er.
(4) Ibid.   Ibid.

sur la rébellion (délit ou crime) envers les agents de l'autorité ou de la force publique. Aussi, cette lacune importante était-elle comblée dans les deux premières éditions de
notre projet de loi, et elle le sera encore dans la troisième.
— D'après les réflexions que je viens de présenter, il faut
espérer, je le répète, que le conseil d'État, que les Chambres
législatives, tenant compte de tout ce qu'il y a de spécial,
d'exceptionnel, de maritime, en un mot, dans les choses
comme dans les personnes à juger pour la répression des
délits contre la discipline, et prenant aussi en considération
la nécessité d'une application prompte et intelligente de la
loi, accueilleront la proposition d'attribuer la connaissance
de ces délits aux tribunaux maritimes, qui, par leur composition mixte, où figurent des officiers de vaisseau, des
administrateurs de la marine et des juges des tribunaux ordinaires, offrent tous les avantages d'une juridiction très-
bien appropriée à la condition des personnes et à la nature
des faits. Déjà, au reste, sans parler de la disposition du règlement du 2 prairial an XI, qui soumet au jugement des
tribunaux de l'armée navale les délits et crimes commis à
bord des navires armés en course; sans parler non plus de
la disposition du décret du 12 avril 1811, qui défère aux
tribunaux maritimes les capitaines des navires armés en
course coupables d'avoir reçu à bord de leurs bâtiments
des déserteurs de la marine militaire, ou d'avoir embarqué
des hommes que ne leur aurait pas destinés le bureau de
l'inscription maritime, ou d'avoir engagé des hommes sans
les avoir présentés au commissaire dudit bureau et fait
porter sur le rôle d'équipage; déjà, dis-je, un acte beaucoup plus récent, la loi du 10 avril 1825, a rangé sous la

juridiction des tribunaux maritimes les crimes de *piraterie*, qui sont des crimes habituellement commis par gens de navires du commerce; et s'il est vrai que cette même loi a laissé dans la compétence des tribunaux ordinaires, ce qui est infiniment regrettable, les crimes de *baraterie*, on peut remarquer qu'elle a classé parmi les faits qu'elle qualifie actes de *piraterie* le fait de l'enlèvement d'un navire par fraude ou violence de l'équipage envers le capitaine, fait dont le jugement est ainsi attribué au tribunal maritime, et qui, au fond, n'est pourtant, à parler exactement, qu'une *baraterie*, puisqu'il n'y a *piraterie* proprement dite que là où il y a lésion, déjà consommée ou imminente, d'intérêts *internationaux*. Mais on peut citer encore l'exemple d'une exception plus remarquable aux principes généraux de notre législation criminelle, et cet exemple, je le puise dans les dispositions de la loi du 28 mai 1836 (concernant la répression des contraventions, délits et crimes commis par des Français dans les échelles du Levant et de Barbarie), lesquelles dispositions, après avoir attribué au consul le droit de statuer, seul, et sans appel, sur les *contraventions*, puis encore au consul, assisté de deux Français notables formant avec lui le tribunal consulaire, le droit de prononcer sur les *délits*, confèrent à la cour royale d'Aix (deux chambres réunies) le pouvoir de juger les crimes *sans débat oral, sur pièces écrites, sans jury*!!......

Si une déviation aussi énorme des règles du droit commun a été consacrée par la loi, sous l'empire de la Charte de 1830; si elle a paru commandée par la force des choses; si elle a semblé suffisamment justifiée par la spécialité de la matière, par l'impossibilité ou la difficulté extrême de faire arriver ou de retenir les témoins; si, conformément à ce que disait à la Chambre des députés (séance du 19 février 1836) le judicieux rapporteur (1) de la commission chargée de l'examen du projet de ladite loi, il a été reconnu que, pour des faits survenus à de longues distances du territoire du royaume, le débat oral étant impraticable, le jury devait être écarté comme inapte à juger sur procédure écrite, et que des magistrats, des hommes habitués aux affaires, pouvaient seuls apprécier les résultats et la portée des pièces, des procès-verbaux produits, et y puiser des éléments suffisants de conviction : comment ne pas croire que, par toutes ces considérations, applicables, sous beaucoup d'aspects, à la matière dont nous nous occupons, les Chambres se détermineront à soumettre aux formes expéditives, à l'appréciation éclairée des tribunaux maritimes, le jugement d'actes qui se sont passés, pour la plupart du temps, en mer, dans des parages lointains, dont la preuve repose le plus souvent sur des procès-verbaux ou plaintes, dont les témoins, quand il y en a et qu'ils ont été entendus dans l'instruction, ne peuvent point toujours venir répéter oralement à l'audience leurs dépositions écrites, qu'il suffirait, légalement, de lire devant le tribunal maritime? Qu'on se rappelle bien d'ailleurs que nous ne réclamons plus, comme dans la première édition du projet de loi, l'action de cette juridiction pour des faits pouvant entraîner condamnation à des peines afflictives et infamantes, c'est-à-dire que nous ne réclamons plus le jugement sans jury pour les crimes même maritimes, quand il y aurait tant de raisons déci-

---

(1) M. Parant.

sives propres à justifier cette proposition : nous restons sur le terrain correctionnel (1), en nous restreignant même à une classe de délits spéciaux, maritimes, soit par leur essence propre, soit par la position de leurs auteurs : nous demandons seulement, enfin, dans les limites d'un pouvoir

---

(1) Il est essentiel d'aller ici au-devant d'une objection qui pourrait être faite, et qui ne doit point demeurer sans réponse. « Tous les motifs déduits « dans votre Mémoire (me dira-t-on peut-être) tendent à démontrer l'utilité, « le besoin indispensable de placer les marins du commerce sous une juridic- « tion exceptionnelle, pour la répression des actes d'indiscipline ; et cependant « vous laissez dans le domaine de la justice ordinaire le jugement des crimes « maritimes, c'est-à-dire des faits qui, et par leur nature et par la gravité de « la punition qui s'y rattache, sembleraient, au contraire, dans le système de « la thèse que vous soutenez, devoir, bien plus encore que tous autres, être « déférés à cette juridiction exceptionnelle dont vous réclamez l'action. Or, du « moment que, pour le jugement des *crimes*, vous restez dans le droit com- « mun, *à fortiori*, pour le jugement des *délits*, devez-vous n'en point sortir. « Votre demande implique donc contradiction, car la conclusion, au moins « dans la partie essentielle, ne s'accorde point avec les prémisses : de la mise à « l'écart, que vous faites, d'une juridiction exceptionnelle pour les crimes ma- « ritimes, nous déduisons la mise à l'écart d'une juridiction exceptionnelle « pour les délits maritimes. Comment, dès lors, voulez-vous qu'on vous octroie « ce que vous demandez ? »

Ainsi qu'on le voit, j'ai présenté dans toute sa force, sans chercher en rien à l'affaiblir, l'objection que je me suis proposé d'examiner.

Voici maintenant ma réponse :

Assurément la juridiction exceptionnelle réclamée pour les marins du commerce aurait dû embrasser dans le cercle de sa compétence les crimes aussi bien que les délits maritimes, et telle était la portée des dispositions du premier projet de loi. C'est par une soumission forcée à des scrupules exprimés au nom de la Charte ; c'est par un sacrifice fait, non sans résistance, aux exigences impérieuses du droit commun, que les crimes maritimes ont été laissés dans le domaine de la justice ordinaire. Sans doute, il sera fâcheux que, par exemple, la désobéissance d'un matelot envers le capitaine, qui sera jugée *exceptionnellement* quand elle ne constituera qu'une *faute* de simple police, qui sera jugée *exceptionnellement* encore quand elle parviendra à l'état

égal de juridiction, la substitution d'un tribunal, appréciateur intelligent, à un tribunal qui, relativement à la matière, ne l'est pas et ne saurait l'être. Si cette demande est accueillie, on ne verra plus se reproduire, au grand détriment de la discipline, des condamnations scandaleuses, des

Inaptitude
des
tribunaux ordinaires
à juger les délits
contre la discipline.

---

de *délit*, soit déférée à la juridiction des *tribunaux ordinaires* quand elle prendra le caractère de *crime*. Ce sera là, je le répète, une anomalie fâcheuse, dont je décline la responsabilité. Mais il ne faut point pourtant s'en exagérer l'importance. En matière d'infractions à la discipline proprement dite, les actes des marins du commerce arrivant au degré de crime sont heureusement rares ; ils le seront plus encore, dans la suite, du moment que la répression des délits, qui y conduisent, sera assurée par l'action efficace de la juridiction exceptionnelle appelée à en connaître. Ce sont donc surtout les délits contre la discipline qu'il fallait atteindre, et la 3ᵉ édition du projet de loi remplira parfaitement cet objet important. Il n'en restera pas moins à déplorer que certains crimes contre la subordination, qu'il est impossible de faire descendre, par l'abaissement de la pénalité, au rang des délits, soient, ainsi que les crimes de baraterie, renvoyés devant les juges ordinaires qui, quoi qu'on en dise, ne sont point, ne sauraient être les juges *naturels* des *marins* ni des *choses de la marine ;* et ce que je déclare là se rapporte aussi bien au jugement par jurés qu'au jugement sans jurés.

Cette vérité, au reste, est reconnue même en Angleterre, où l'institution du jury, d'un emploi général, tient au sol par de si profondes racines : oui, en Angleterre même, ainsi que je l'ai dit dans mon rapport sur ma mission, ceux des jurisconsultes de ce pays qui s'occupent particulièrement des affaires de la marine trouvent que, *dans la pratique,* des inconvénients graves sont attachés à l'intervention du jury pour le jugement des *causes maritimes.* Aussi, le législateur anglais, tout en faisant fonctionner le jury relativement à la marine marchande, s'est-il bien gardé de le faire intervenir pour le jugement des crimes et délits commis sur les bâtiments de la marine royale. Et qu'on remarque bien qu'en France où, d'après la loi de 1790, les tribunaux de la flotte (conseils de justice et conseils martiaux, devenus les conseils de guerre maritimes) ne pouvaient prononcer d'abord que sur le rapport d'un jury militaire, on a bientôt reconnu les inconvénients de l'intervention du jury pour le maintien de la discipline, et que cette intervention, suspendue provisoirement dès 1794 (arrêté du 16 nivôse an II), a été supprimée par le décret

anomalies étranges comme les suivantes, que je me borne
à citer pour exemples.

PREMIER EXEMPLE. — Un matelot d'un navire du commerce
a, dans le cours du voyage, frappé au visage son capitaine,
en présence de tout l'équipage. Jadis, pour un tel fait, que,
sur un bâtiment de l'État, le Code pénal de la flotte punit
de mort, il eût, d'après les lois relatives à la marine marchande, été passible d'une punition très-rigoureuse, consis-
tant dans un châtiment corporel. Aujourd'hui, quelle est
la punition qu'il encourt? C'est celle prononcée par la loi
commune contre les auteurs de voies de fait, c'est-à-dire,
suivant la disposition de l'article 311 du Code de 1810,
modifié en 1832, « un emprisonnement de six jours à deux
« ans et une amende de 16 francs à 200 francs, ou l'une de
« ces deux peines seulement. » Du moins, doit-on supposer
que les juges civils devant lesquels, en conformité de la
loi du 13 août 1791, le prévenu dont il s'agit est traduit,
feront acception de la position spéciale d'un matelot par
rapport à son capitaine, y verront une cause d'aggravation

---

du 22 juillet 1806, qui a définitivement affranchi les tribunaux de l'armée
navale de l'obligation de procéder avec l'assistance du jury, admirable institution sans doute en tant que son action est restreinte aux affaires de la vie
civile ordinaire.

Je termine cette note en faisant remarquer que si, en Angleterre, le jury
continue d'intervenir pour le jugement des faits criminels survenus à bord des
bâtiments du commerce, du moins alors le tribunal qui doit prononcer (ordinairement le tribunal criminel central) prend la couleur et, jusqu'à un certain point, le caractère d'un *tribunal maritime* par l'adjonction nécessaire d'un
juge d'amirauté. (Voir mon rapport sur ma mission en Angleterre, p. 93, 94,
98, 113.)

du délit qui doit rejaillir sur la mesure de la punition, et que, profitant de la latitude que leur laisse la teneur de l'article 311 du Code, ils sauront proportionner, par la cumulation permise des deux peines, emprisonnement et amende, sans aller même jusqu'au maximum, la fixation du châtiment à la gravité de la voie de fait, qui n'est point ici celle d'un citoyen envers un autre citoyen (comme qui dirait d'un ouvrier envers un chef d'atelier) dans la vie civile ordinaire. Vaine attente!.... Le matelot n'est condamné qu'à l'une des deux peines; il n'est condamné qu'au minimum de *six jours* d'emprisonnement!

Voici maintenant la contre-partie de ce jugement :

DEUXIÈME EXEMPLE. — Cette fois, c'est un capitaine qui a frappé un matelot; mais il l'a frappé dans un moment critique, alors que l'exécution d'une manœuvre ne souffre point la moindre hésitation, comme important au salut du navire et de tout ce qu'il renferme. Ce n'est pas là assurément une voie de fait punissable; ce n'est pas un de ces actes de brutalité, de violence, sans excuse, que les capitaines se permettent quelquefois, et qui doivent être justement réprimés avec sévérité; il y a tout simplement, dans le cas actuel, ce que les marins appellent une *poussée*. Cependant notre capitaine, sur la plainte du matelot frappé, est traduit devant les juges du tribunal correctionnel, qui, en vertu de l'article 311 du Code pénal, le condamnent à plusieurs mois d'emprisonnement et à 100 francs d'amende!

Voilà où conduit malheureusement un pouvoir de juger exercé avec conscience, sans doute, mais avec ignorance des usages, des nécessités de la navigation et des consé-

quences attachées aux positions respectives des navigateurs.
De semblables jugements ne portent-ils pas une atteinte
mortelle à la discipline? et la sécurité de la navigation, du
commerce maritime, n'est-elle point essentiellement com-
promise par la perspective du retour d'aussi déplorables décisions? Mettez à la place du tribunal ordinaire, dans les
deux cas que je viens de citer, le tribunal maritime : combien alors les résultats eussent été différents! Qu'advien-
drait-il donc si les juges civils avaient à prononcer, en matière de répression d'indiscipline, sur des faits d'une nature
absolument maritime?... Aussi, quand, à la suite de la suppression des amirautés, l'assemblée nationale, procédant au
partage des attributions démembrées de cette ancienne et si
regrettable juridiction, conféra aux juges de district, par la
loi du 13 août 1791 (tit. 1er, art. 12), « la connaissance de
« tous les crimes et délits commis dans les ports et rades, et
« sur les côtes, ainsi que de ceux commis en mer et dans
« les ports étrangers sur navires français, etc., » sans doute
cette illustre assemblée, qui comprenait si bien la marine et
ses besoins, n'entendait faire là aux tribunaux ordinaires
qu'un legs provisoire d'une aussi riche portion de l'héritage
des siéges d'amirauté; et l'on doit croire que, complétant
son œuvre de reconstitution sur de nouvelles bases, de
toutes les parties de l'ancien édifice judiciaire, elle eût, soit
rattaché à la compétence des cours martiales maritimes in-
stituées par elle le 12 octobre 1791, et devenues depuis les
tribunaux maritimes, soit dévolu à quelque juridiction de
création nouvelle, équivalente sous ce rapport à la juridiction de l'amirauté, le jugement des causes criminelles sur-
venues à bord des navires du commerce, si son attention

n'avait été détournée de cet objet par l'imminence de la
guerre qui n'a point tardé à éclater, et qui, pendant vingt-
cinq ans encore, a empêché les pouvoirs législatifs qui ont
succédé à l'assemblée nationale de s'occuper de la navigation commerciale, dont l'existence chétive laissait alors à
peine apercevoir les besoins. A cette époque, les armements
particuliers étaient surtout des armements pour la course,
ou en guerre et marchandises, et le législateur n'a eu garde
de les oublier sous le rapport de la nécessité d'une juridiction spéciale, puisque, comme on l'a vu plus haut, il a attribué le jugement des crimes et délits commis sur les navires armés en course aux tribunaux institués pour l'armée
navale, en soumettant même aussi, dans certains cas, les
capitaines de ces navires à la juridiction des tribunaux maritimes. Ce que le législateur de la république et de l'empire a fait pour les armements en course, il l'eût fait pour
les armements en marchandises, s'il avait eu à s'occuper
d'armements de cette dernière espèce ; et c'est une tâche à
remplir par le législateur de l'époque actuelle, où la jouis-
sance d'une longue paix et la perspective de son maintien
ont donné un si heureux essor aux expéditions du commerce maritime.

Ici je me trouve amené naturellement à parler de, deux
opinions qui ont été émises sur la question de juridiction,
et qui méritent d'être examinées.

Examen
de deux opinions
émises
touchant la question
de juridiction.

Quelques personnes ont pensé que les marins des navires du commerce pourraient, pour le jugement des délits
contre la discipline, être déférés, soit à l'une des deux espèces de tribunaux de la flotte, c'est-à-dire aux conseils de

justice, soit, et de préférence, aux conseils de guerre maritimes permanents.

D'autres personnes ont pensé que le jugement de ces délits pourrait être attribué, suivant les circonstances, tantôt aux tribunaux maritimes, tantôt aux conseils de justice.

1° Sur la proposition de faire juger les marins du commerce par les conseils de justice ou les conseils de guerre maritimes permanents.

—

Discussion de cette proposition.

La première de ces propositions ne me semble pas susceptible d'être soutenue; elle implique une confusion des deux marines qui *militariserait* par trop le mode de jugement des délits des marins des navires marchands. Sans doute il faut, dans l'intérêt du commerce maritime, alarmé des progrès et des suites funestes de l'indiscipline, chercher à obtenir, pour la répression de ces délits, une garantie que n'offre point l'action des tribunaux ordinaires; mais il en faut donner une aussi aux marins eux-mêmes : or, ils ne la trouveraient pas à un degré suffisant, acception faite de leur position particulière (et ceci dit, sauf, bien entendu, tout respect de ma part pour les lumières et la conscience des juges), ni dans les conseils de justice de la flotte, ni dans les conseils de guerre maritimes permanents. S'il fallait choisir cependant entre ces deux espèces de tribunaux, ce seraient les conseils de justice qui me sembleraient devoir être préférés, car du moins leur mission est de juger des délits qui se rapportent à la *navigation* (1); tandis que les conseils de guerre maritimes permanents sont principalement appelés à juger (outre la désertion, il est vrai) les délits et crimes militaires commis par les hommes *non embarqués* appartenant aux corps organisés de la marine (troupes ou

---

(1) Loi du 22 août 1790 ; décret du 22 juillet 1806.

équipages de ligne), lorsque ces délits et crimes ne sont pas justiciables des tribunaux maritimes (1). Mais les marins du commerce, et à quelques égards les armateurs aussi, n'en repousseraient pas moins l'emploi de l'une et l'autre juridiction pour juger les délits contre la discipline commis à bord des navires marchands. D'ailleurs, en admettant que cet emploi pût avoir lieu, on ne trouverait le conseil de guerre maritime permanent que dans les cinq grands ports militaires; et, quant au conseil de justice, s'il est vrai de dire qu'on aurait l'avantage de le faire fonctionner dans les ports coloniaux ou étrangers, où les navires du commerce viendraient à rencontrer quelque bâtiment de guerre, il faut dire aussi que, dans les cas, qui sont les plus fréquents, où le fait serait à juger en France, il y aurait également nécessité d'aller dans un des cinq grands ports militaires pour y trouver les éléments du conseil de justice. Et qu'on ne vienne pas, tournant, contre l'opinion que j'exprime ici, une citation dont je me suis étayé plus haut, objecter que les marins des navires marchands pourraient bien, pour leurs délits, être jugés par les conseils de justice, puisqu'ils sont justiciables de ces mêmes conseils, pour leurs délits (ainsi que des conseils de guerre maritimes pour leurs crimes), quand ils sont embarqués sur les navires armés en course. Il n'y a point parité. La citation que j'ai faite a eu pour but de démontrer que les marins des navires du commerce devraient être rangés sous une juridiction exceptionnelle; mais je n'ai pas entendu par là que ce dût être celle des tribu-

---

(1) Lois des 13 et 21 brumaire an V; loi du 18 vendémiaire an VI; arrêté du 19 vendémiaire an XII; arrêté des 5 germinal et 1er floréal an XII; ordonnances des 21 février et 22 mai 1816.

naux de la flotte, qui s'applique avec toute raison aux navires armés en course; car ces derniers étant assimilés aux
bâtiments de guerre, dont ils deviennent les auxiliaires, il
est naturel que la juridiction des bâtiments de guerre les
régisse pleinement.

2° Sur la proposition de faire juger les marins du commerce par les conseils de justice concurremment avec les tribunaux maritimes.

Discussion de cette proposition.

Cependant, si je repousse l'idée d'employer les conseils
de justice comme moyen unique de juger tous les délits des
marins du commerce, j'inclinerais assez, dans le sens de la
deuxième des propositions ci-dessus rapportées, à accueillir
l'avis d'employer les conseils de justice comme moyen acci-
dentel de jugement et de répression, concurremment avec
les tribunaux maritimes, chargés du rôle principal. J'em-
brasserais même cette idée avec ardeur, en songeant à tout
l'avantage d'un prompt jugement dans les stations à l'étranger, si la peine des coups de corde, dont je ne saurais trop
déplorer l'absence, avait pu être rétablie pour les marins du
commerce. Oh! alors, sans aucun doute, l'action du conseil
de justice serait d'un merveilleux effet, puisqu'elle donnerait lieu à l'application rapide d'un mode de correction essentiellement maritime, qui, en même temps qu'il intimide
les autres marins de l'équipage, châtie réellement l'homme
à punir, et a encore l'inappréciable avantage de le rendre,
aussitôt après, à ses travaux. Mais, par l'exclusion de cette
espèce de châtiment, l'utilité de l'intervention du conseil
de justice pour juger accidentellement les marins du commerce se trouve bien amoindrie; car, quelle est la peine
qu'il infligera? Ce ne sera pas celle de la *bouline*, contre l'emploi de laquelle, par rapport aux marins du commerce, les
mêmes motifs d'exclusion existent que contre les *coups de*

corde; ce ne peut être non plus celle de *la mise aux fers* où de *la prison d'une durée prolongée*, puisque, comme on l'a vu, cette dernière espèce de punition, même lorsqu'elle est renfermée dans les limites purement disciplinaires, est le plus souvent d'une exécution impraticable (1) à l'égard des hommes d'équipage des navires marchands. Reste donc la peine de *la cale*, et encore faut-il s'attendre à ce qu'on aura une rude lutte à soutenir devant les Chambres pour obtenir l'autorisation d'appliquer aux marins du commerce cette espèce de peine, qui pourtant, relativement du moins aux hommes de mer endurcis au métier, peut être considérée comme étant,

---

(1) Dans tous les cas, et ils se présenteront fréquemment, où la peine de la mise aux fers ou de la prison, soit à titre purement disciplinaire, soit à titre correctionnel, n'aura pu recevoir son exécution, il y aurait un moyen précieux de ne point laisser le coupable sans punition : ce serait de procéder à l'instar de la loi déjà citée du 28 mai 1836 (sur les contraventions, délits et crimes dans les échelles du Levant, etc.), qui accorde aux juges (consul seul ou consul avec deux assesseurs), statuant en matière de simple police ou en matière correctionnelle, la permission, après qu'ils ont prononcé la peine de l'emprisonnement, de convertir cette peine en une amende spéciale calculée à raison de dix francs, au plus, par chacun des jours de l'emprisonnement prononcé. Cette disposition exceptionnelle s'appliquerait parfaitement aux marins des navires du commerce, et se justifierait par des moyens semblables à ceux qui en ont motivé l'insertion dans la loi du 28 mai 1836 ; car souvent, après que, pour tels hommes de l'équipage d'un navire marchand, la peine de l'emprisonnement aura été impraticable en mer, il pourra arriver que, même en cas de relâche ou d'abord en France, aux colonies, à l'étranger, elle le soit encore, soit par l'absence d'une prison à la disposition de l'autorité, soit parce que l'homme à punir, ne pouvant être remplacé, devrait, dans l'intérêt de l'armement, continuer sans délai le voyage, etc.

Voilà bien des raisons décisives pour l'emploi d'une aussi précieuse faculté que celle de la substitution de l'amende à l'emprisonnement, ainsi qu'à la mise aux fers, et certes ce moyen ne sera point négligé dans la rédaction de la 3ᵉ édition de notre projet de loi.

5

dans la réalité, moins afflictive que celle des coups de corde,
bien que, dans l'échelle pénale, elle occupe un degré plus
élevé. Quoi qu'il en soit, je suppose que le droit d'infliger la
cale aux marins du commerce nous sera accordé : mais on
ne saurait prodiguer ce genre de châtiment, dont le code
de la flotte lui-même restreint l'usage à la punition d'un petit nombre de faits. Ici toutefois je reconnais que la cale
pourra être employée avec avantage contre les marins des
navires du commerce dans les stations à l'étranger, pour la
répression immédiate, sur les lieux, de quelques délits
graves, tels que la désobéissance avec injures et menaces,
la rébellion, les voies de fait envers un supérieur. Aussi,
dans la rédaction de la troisième édition du projet de loi,
l'emploi à faire de ce mode auxiliaire de correction par l'intervention des conseils de justice, sera l'objet d'un examen
particulier. Mais je saisis l'occasion de consigner ici ou plutôt de répéter une vérité que j'ai souvent exprimée, et à laquelle est venue donner une nouvelle force la déclaration
d'un de nos capitaines de vaisseau les plus distingués (1),
qui, dans un rapport remarquable, adressé il y a quelques
mois au ministre, a rendu compte de ses observations sur
la pêche de la baleine : je dirai avec lui, en étendant à la
navigation marchande en général ce qu'il dit relativement
aux navires baleiniers, que le meilleur service, la protection la plus efficace que le Gouvernement puisse accorder aux navires du commerce armés soit en marchandises, soit en pêche, c'est le placement d'agents consu-
laires sur tous les points ou à proximité des points vers

(1) M. Dupetit-Thouars.

lesquels se portent ces navires, c'est surtout l'apparition
fréquente et le séjour même de bâtiments de guerre dans
ces parages. J'ajouterai que la présence seule de ces bâtiments, même avec des moyens de punition très-bornés par
rapport aux marins du commerce, est un frein qui contient ou fait rentrer dans le devoir : elle fournit aux capitaines des navires une occasion précieuse de se débarrasser
des hommes dangereux, des prévenus de délits graves à
juger en France, dont le transbordement est déjà un châtiment. Car, il faut le reconnaître, de toutes les punitions
la plus redoutée des marins du commerce est leur embarquement sur un bâtiment de l'État. Aussi, dans les deux
premières éditions, le projet de loi faisait-il de l'embarquement pour une campagne extraordinaire à bord d'un
bâtiment de l'État, un moyen de punition, que consacrera
certainement encore l'édition nouvelle, à l'imitation de nos
anciens règlements. Et qu'on n'aille point objecter, comme
quelques personnes le disent, qu'il y a inconvenance envers
la marine royale à faire une peine de l'embarquement pour
une campagne extraordinaire au service de l'État. Les personnes qui énoncent cette opinion voient mal la chose :
quand un marin du commerce, pour infraction à la subordination, ordinairement pour désertion, qui est le plus
grave oubli des devoirs, est ainsi embarqué, l'envoi du
coupable au service n'est, en réalité, qu'un envoi à la meilleure école de discipline : c'est un hommage à la marine
royale, et non une atteinte à sa dignité (1). Mais, pour ne

(1) Voir, dans mon rapport sur ma mission en Angleterre, p. 118 et 119,
ce que j'ai dit, à ce sujet, pour expliquer et justifier, par une considération

parler que de l'embarquement, *à titre de passage*, des hommes prévenus de délits graves à juger en France, des hommes turbulents ou dangereux dont les commandants des bâtiments de l'État doivent être formellement autorisés, comme le sont les consuls (ordonnance du 29 octobre 1833), à prononcer le débarquement, le complément de ce bienfait se trouverait dans la possibilité qu'il serait fort désirable qu'eussent, au moyen d'un supplément d'équipage accordé *ad hoc*, les commandants de ces bâtiments, au moins dans les stations de pêche, de pourvoir au remplacement des hommes des navires du commerce ainsi débarqués.

CONCLUSION.

Me voici arrivé au terme de ce long mémoire, dans lequel je crois avoir passé en revue tous les points importants de discussion qu'il était nécessaire d'examiner, afin de bien fixer les idées, de lever les doutes, et de prévenir les divagations dont, plus que toute autre, la matière délicate du projet de loi peut être la cause ou l'occasion.

J'espère aussi avoir rendu, par là, le travail à faire plus facile.

Au moment d'entreprendre la troisième édition de ce projet, je résume sommairement notre situation, notre *avoir* et ce qu'il nous reste à réaliser.

En matière de *simple police* (*fautes* maritimes ou manquements),

Nous avons déjà la pénalité et la juridiction.

---

d'un autre ordre, l'embarquement des marins du commerce sur les bâtiments de l'État, à titre de punition.

En matière *correctionnelle* (*délits* maritimes),

Nous avons la pénalité.

Il nous reste, toutefois, à modifier, sur certains points, cette pénalité, pour la mettre en harmonie avec la nouvelle juridiction (tribunaux maritimes et, accidentellement, conseils de justice) qui sera chargée de l'appliquer.

Il nous reste aussi, quant à la juridiction, à approprier, sous quelques rapports, les rouages du tribunal maritime aux attributions nouvelles qu'une extension de compétence l'appellera à exercer. (Certains délits maritimes énoncés au projet et tous les délits communs continueront d'être déférés à la justice ordinaire.)

En matière *criminelle* (cette matière étant laissée par continuation, quelle que soit la nature du crime, maritime ou non, sous la juridiction des tribunaux ordinaires),

Nous avons la pénalité relativement à certains actes constitutifs de crimes maritimes qui rentrent plus ou moins dans les faits d'indiscipline ou qui sont des faits de baraterie.

Il nous reste à introduire dans cette partie du projet plusieurs modifications essentielles (changements ou additions).

Telle est notre situation ; tels sont les matériaux, déjà en grande partie disposés, que nous avons à mettre en œuvre pour la reconstruction, sur nouveau plan, de l'édifice de notre projet de loi.

Cette tâche, néanmoins, offre encore des difficultés devant lesquelles je ne recule pas, mais dont je ne me dissimule point l'importance.

Je serai mis en position de la mieux remplir, si j'obtiens, comme je l'espère, la collaboration de deux personnes seulement, de deux hommes d'un talent éprouvé : M. *Dalmas*, sous-directeur à la direction des affaires criminelles et des grâces au ministère de la justice, et M. *Boëlle*, commissaire rapporteur près le tribunal maritime de Brest : l'un connaissant à fond la législation générale et ayant aussi des notions précises sur les parties les plus essentielles de notre législation maritime; l'autre possédant parfaitement la science pratique de tout ce qui touche à juridiction exceptionnelle près de laquelle il exerce les fonctions du ministère public avec tant de distinction.

Que ces deux collaborateurs me viennent en aide, et aussitôt je me remettrai à l'œuvre avec ardeur, pour conduire promptement à sa fin le travail important dont il s'agit, heureux d'avoir contribué à doter d'un code disciplinaire et pénal si impatiemment attendu notre marine marchande, objet, à juste titre, de la sollicitude particulière du Gouvernement, qui, avec raison, voit en elle, dans le commerce maritime auquel elle sert d'instrument, la base la plus solide de notre puissance navale et un des principaux éléments de la fortune publique !

———————

Je crois utile de présenter maintenant une analyse du projet de code, tel qu'il me semble devoir résulter de la refonte destinée à produire une troisième édition, acception faite des éléments déjà existants que fournissent les deux éditions précédentes, et en tenant compte des changements et additions dont le besoin ou la convenance ont été signalés dans le cours de la Dissertation.

Ce ne sont que des indications que je vais donner, de simples bases de rédaction, et je prie le lecteur de n'y voir que l'expression de mon opinion personnelle.

Voici donc ce que je crois pouvoir appeler un *specimen* du projet de Code.

DISPOSITIONS PRÉLIMINAIRES.

Détermination du caractère général des actes qui constituent des *fautes* de discipline, des *délits* ou des *crimes maritimes* : sous cette triple qualification, viennent se ranger tous les actes qui compromettent, avec plus ou moins de gravité, l'ordre du service ou la sûreté des navires.

Pour les contraventions, délits et crimes non énoncés dans le projet de Code :

Jugement par les tribunaux et punition selon le Code pénal ordinaires.

Pour certains délits maritimes réservés et pour tous les crimes maritimes quelconques :

Jugement par les tribunaux ordinaires et punition par application de la pénalité du projet de Code.

Pour tous les manquements à la discipline, ou fautes de simple police, et pour tous les délits maritimes autres que ceux réservés comme il a été dit ci-dessus :

Jugement et punition conformément aux dispositions spéciales du projet de Code.

Sont assujetties aux règles d'ordre, de service, de police et de discipline établies sur les navires de commerce, toutes les personnes embarquées inscrites au rôle d'équipage et employées à bord à quelque titre que ce soit.

Ces personnes, pour les fautes et délits contre la discipline, sont, à partir du jour de l'entrée en armement jusqu'au dernier jour du désarmement, justiciables de la juridiction et passibles des peines établies par le projet de Code.

Elles continuent d'être placées sous ce régime, en cas de perte du navire par naufrage, chance de guerre ou autre cause, jusqu'à ce qu'elles aient pu être remises à quelque autorité française.

Ces dispositions sont applicables aux marins naufragés, déserteurs ou délaissés qui, sur l'ordre d'une autorité française, ont été embarqués, à titre de passagers, pour être rapatriés (1).

Les passagers autres que ceux de l'espèce indiquée ci-dessus sont soumis aux règles d'ordre et de police intérieure du navire.

Ils sont justiciables de la juridiction établie par le projet de Code, mais pour les fautes de simple police seulement.

Ils ne sont passibles que des peines pour eux fixées particulièrement.

Sous la dénomination de *supérieur* sont compris :

> Le capitaine,
> Le second,
> Le 1ᵉʳ lieutenant,
> Le maître d'équipage,
> Les chefs de pirogues des bâtiments baleiniers (pendant le temps de leur séjour à bord des pirogues).

---

(1) Elles s'appliqueront encore aux individus qui, sous la dénomination de *passagers*, vont faire la pêche de la morue à Saint-Pierre et Miquelon et aux côtes de Terre-Neuve, ainsi qu'aux marins des navires pêcheurs qui, après la saison de la pêche, sont ramenés *en ressac* dans les ports d'armement.

Le chirurgien du navire est, pour l'application des peines qui seraient à lui infliger, assimilé aux officiers.

TITRE Ier.

DE LA PÉNALITÉ.

CHAPITRE Ier.

DES PEINES.

Peines applicables aux fautes de discipline ou de simple police, savoir :

Pour *les hommes de l'équipage.*

Le retranchement de vin de la ration, pendant trois jours au plus.

La vigie sur les barres de perroquet, dans la hune ou (à bord des petits navires) à la tête d'un bas mât, pendant une demi-heure au moins et quatre heures au plus.

L'amarrage, soit dans les enfléchures des bas - haubans, soit à un bas mât, soit sur le pont, soit dans l'entre-pont ou dans la cale, pendant une heure au moins, et six heures au plus chaque jour, et durant trois jours au plus;

La boucle ou les fers pendant cinq jours au plus.

L'emprisonnement pendant cinq jours au plus.

L'amarrage, les fers et l'emprisonnement peuvent être accompagnés du retranchement de vin et même de la mise au pain et à l'eau.

Pour *les officiers.*

Les arrêts simples, pendant vingt jours au plus, avec continuation de service.

Les arrêts de rigueur, dans la chambre, pendant dix jours au plus.

Suspension temporaire de fonctions, avec exclusion de la table du capitaine.

Déchéance de l'emploi en qualité d'officier, avec obligation de faire le service comme simple matelot pendant le reste de la campagne ou jusqu'au débarquement.

Pour *les passagers.*

Passagers de CHAMBRE.

Exclusion de la table du capitaine pendant cinq jours au plus.
Arrêts dans la chambre pendant dix jours au plus.

Passagers d'ENTRE-PONT.

Privation de la faculté de monter sur le pont pendant dix jours au plus.

Les officiers et passagers qui, ayant été condamnés à l'une des peines ci-dessus, refuseraient de s'y soumettre, après avoir été avertis que cette résistance les expose à une punition plus rigoureuse, pourront être mis à la boucle ou en prison pendant cinq jours au plus.

Peines correctionnelles applicables aux délits maritimes, savoir :

La boucle ou les fers pendant six jours au moins et vingt jours au plus, punition qui pourra être accompagnée soit du retranchement de vin, soit de la mise au pain et à l'eau, soit de la retenue de moitié de la solde, soit de deux de ces peines accessoires, ou de toutes trois réunies.

Emprisonnement pendant six jours au moins et trois ans au plus.
Amende de seize à trois cents francs.

Embarquement sur un bâtiment de l'État pour une campagne extraordinaire, d'un an à trois ans, à la paye immédiatement inférieure à celle du grade au service.

(1) . . . .
La cale pour trois immersions au plus.

---

(1) C'est ici qu'aurait figuré la peine des coups de corde jusqu'à douze coups au plus, si cette espèce de punition avait pu être insérée dans le projet de Code.

Peines en matière criminelle :

Les mêmes que celles spécifiées aux articles 7 et 8 du Code pénal ordinaire.

CHAPITRE II.

DES INFRACTIONS ET DE LEUR PUNITION.

SECTION Iʳᵉ.

DES FAUTES DE DISCIPLINE OU DE SIMPLE POLICE.

Ici est présentée une énumération des actes les plus ordinaires qui constituent les manquements dont il s'agit :

Désobéissance simple, négligence à prendre son poste, manque au quart ou défaut de vigilance pendant le quart, ivresse sans désordre, dispute sans voies de fait, etc. etc. . . . .

Ladite énumération terminée par une désignation générale et collective, qui embrasse toutes les fautes contre la discipline, l'ordre et le service du navire, provenant de négligence ou de paresse.

Ces divers manquements rendent leurs auteurs passibles d'une des peines ci-dessus spécifiées en matière de simple police, le choix de la peine étant laissé à la discrétion du juge.

SECTION II.

DES DÉLITS CONTRE LA DISCIPLINE.

Ici se reproduisent d'abord les actes déjà énumérés dans la section première, mais qui, par l'effet d'un degré d'aggravation, sont passés de l'état de faute ou simple manquement à l'état de délit : ainsi viennent, par exemple, se ranger dans cette nouvelle catégorie :

La désobéissance accompagnée d'un refus formellement énoncé d'obéir ; la désobéissance avec injures ou menaces ; l'ivresse avec désordre ; les disputes avec voies de fait, etc....................

Puis viennent successivement d'autres actes constituant *à priori* des délits, tels que, par exemple :

Le fait d'avoir allumé des feux non permis, ou d'avoir transporté des feux sans les précautions prescrites.

Le fait de s'être endormi étant à la barre, en vigie ou au bossoir, ou d'avoir quitté l'un de ces postes sans avoir été relevé.

Le fait de s'être servi sans autorisation d'une embarcation du navire.

La dégradation d'objets à l'usage du bord.

L'altération des vivres ou marchandises par le mélange de substances non malfaisantes.

Le vol commis à bord, considéré comme vol simple ou larcin quand la valeur de l'objet dérobé sera au-dessous de 10 francs.

La désertion.

Les voies de fait envers un supérieur.

La rébellion envers le capitaine.

N. B. L'attaque ou résistance avec violences ou menaces contre le capitaine, sera qualifiée rébellion quand elle aura lieu en réunion de deux personnes ou plus.

La rébellion ne constituera qu'un délit si le nombre des coupables n'excède pas le tiers des hommes de l'équipage, en comprenant les officiers dans le calcul.

Elle constituera un crime au delà de cette limite.

La réunion des rebelles sera réputée armée du moment qu'il s'y trouvera un homme porteur d'une arme ostensible.

Les couteaux de poche, relativement à la rébellion en réunion armée à bord d'un navire, ne seront point compris dans l'exception établie par le dernier paragraphe de l'article 101 du Code pénal ordinaire ;

c'est-à-dire que les couteaux de poche entre les mains des matelots re-belles seront réputés *armes*, par le fait seul du port ostensible, alors même qu'il n'en aurait point été fait usage pour blesser ou frapper.

Chacune des indications de délits définis dans la présente section est accompagnée de la désignation expresse de telle ou telle des peines d'ordre correctionnel dont l'application est à faire au délinquant.

SECTION III.

DES FAUTES DE DISCIPLINE COMMISES PAR LES OFFICIERS.

Dans tous les cas qui constituent des fautes de ce genre et qui ont été ci-dessus définis,

Renvoi, pour la punition du coupable, aux peines spéciales déter-minées, en matière de simple police, par rapport aux officiers.

SECTION IV.

DES DÉLITS CONTRE LA DISCIPLINE ET AUTRES DÉLITS MARITIMES COMMIS PAR LES OFFICIERS ET LES CAPITAINES.

Rappel successif des actes déjà spécifiés comme constitu-tifs de délits contre la discipline, et indication, pour chacun de ces délits commis par un officier, de la peine à appli-quer, laquelle, en raison de la position du coupable, doit différer de la punition relative aux matelots : la peine con-siste, en général, dans l'emprisonnement et l'amende.

C'est aussi par l'emprisonnement, l'amende et l'interdic-tion de commandement, qu'est puni le capitaine dans di-vers cas d'infraction à ses devoirs, dont quelques-uns ont le caractère de délits de baraterie. Ainsi, par exemple, le ca-pitaine est punissable :

Pour ivresse;

Pour abus de pouvoir, excès, sévices;

Pour embauchage;

Pour manquements envers l'autorité maritime, consulaire ou militaire;

Pour dégradation d'objets à l'usage du bord;

Pour altération de vivres ou marchandises par le mélange de substances non malfaisantes;

Pour avoir, dans un danger quelconque, abandonné son navire pendant le voyage, sans l'avis des officiers et principaux de l'équipage, ou pour, ayant pris leur avis, avoir abandonné le navire sans sauver ce qu'il pouvait emporter des marchandises les plus précieuses du chargement;

Pour n'avoir point été le dernier à quitter son navire quand, dans la circonstance d'un danger, il aura dû l'abandonner;

Pour avoir, en l'absence du cas de danger, abandonné son navire pendant le voyage, sans avoir été préalablement remplacé, etc......

. . . .

SECTION V.

DES DÉLITS MARITIMES RÉSERVÉS AUX TRIBUNAUX ORDINAIRES.

Ici trouvent leur place certains délits dont, malgré leur caractère maritime, la jugement a paru pouvoir être laissé à la justice ordinaire. La pénalité que ces délits comportent a été appropriée à leur nature.

SECTION VI.

DES CRIMES MARITIMES.

Cette section comprend principalement les crimes a *baraterie*, déjà prévus par le titre II de la loi du 10 avril 1825, dont les dispositions sont transportées ici avec les amendements indiqués dans la Dissertation.

Déjà, dans la section IV, ont été ajoutés à la nomencla-

ture de la loi d'avril 1825 plusieurs cas constituant seulement des *délits* de baraterie sur lesquels cette loi ne statue
point.

Ici est ajoutée, aux dispositions amendées de cette loi,
relativement aux *crimes* de baraterie, une disposition nouvelle et importante concernant le cas de supposition de
marchandise, en vue d'escroquer à l'assureur le capital de
l'assurance.

La section VI statue, en outre,

Sur le cas de rébellion ou de révolte envers le capitaine, par plus
du tiers des hommes de l'équipage, circonstance qui, comme on l'a
vu à la section II, élève la rébellion du degré de délit au degré de
crime ;

Sur le cas de complot contre la sûreté, la liberté ou l'autorité du
capitaine, etc. . . . .
. . . .

TITRE II.

DE LA JURIDICTION.

———

CHAPITRE Ier.

DE LA JURIDICTION EN MATIÈRE DE SIMPLE POLICE.

Droit de statuer sur les fautes de discipline ou de simple
police, sans appel ni recours en révision ou cassation, et
de prononcer les peines y applicables, attribué

Aux commissaires de l'inscription maritime,
Aux consuls de France,
Aux commandants des bâtiments de l'État,
Aux capitaines des navires.

L'exercice de ce droit de juridiction se partage de la manière suivante :

Quand le navire est dans un port de France ou d'une colonie française, le droit de police appartient au commissaire de l'inscription maritime, et c'est à lui que le capitaine doit adresser sa plainte.

Quand le navire est sur une rade de France ou d'une colonie française, le droit de police appartient au commandant du bâtiment de l'État qui pourrait y être mouillé, et c'est à lui que la plainte doit être adressée. S'il n'y a point de bâtiment de l'État sur rade, le droit de police est exercé par le commissaire de l'inscription maritime.

Quand le navire est dans un port étranger, le droit de police appartient au consul, à qui la plainte doit être adressée ; à défaut de consul, le droit de police est exercé par le commandant du bâtiment de l'État qui pourrait se trouver dans le port ou en rade.

Quand le navire est sur une rade étrangère, le droit de police appartient au commandant du bâtiment de l'État, à qui la plainte doit être adressée ; à défaut de bâtiment de l'État sur rade, le droit de police est exercé par le consul.

Pour prévenir tout conflit, particulièrement en pays étranger, la distinction entre la rade et le port, suivant les localités, sera préalablement établie par une délimitation précise.

En mer, ou même dans un port ou une rade, en l'absence d'une des autorités ci-dessus dénommées, le capitaine de navire exerce le droit de juridiction ; il juge les fautes de discipline et prononce les peines qui s'y rapportent, sauf à rendre compte.

CHAPITRE II.

DE LA JURIDICTION EN MATIÈRE DE DÉLITS CONTRE LA DISCIPLINE
OU DÉLITS MARITIMES.

Le droit de connaître des délits de cette espèce est attribué à la juridiction des tribunaux maritimes instituée par le décret du 12 novembre 1806.

CHAPITRE III.

ORGANISATION DES TRIBUNAUX MARITIMES POUR JUGER LES DÉLITS
CONTRE LA DISCIPLINE.

Indépendamment des tribunaux maritimes qui existent déjà dans les cinq grands ports militaires chefs-lieux d'arrondissement maritime (Brest, Toulon, Rochefort, Lorient, Cherbourg), il en sera établi, ainsi que le permet le décret précité, dans les ports chefs-lieux de sous-arrondissement maritime (le Havre, Bordeaux, Nantes, Dunkerque, Saint-Servan, Bayonne).

Il pourra en être établi aussi dans les colonies françaises.

L'organisation de ces tribunaux sera celle qui est réglée par le décret du 12 novembre 1806, sauf les légères modifications qu'elle pourrait comporter dans quelques-uns des ports chefs-lieux de sous-arrondissement, et notamment dans les colonies.

6

TITRE III.

CHAPITRE PREMIER.

DE LA MANIÈRE DE PROCÉDER EN MATIÈRE DE FAUTES DE DISCIPLINE
OU DE SIMPLE POLICE.

Toute faute de cette nature, dont se sera rendu coupable un des hommes du navire, devra être mentionnée par le capitaine sur le journal ou registre de bord prescrit par l'article 224 du Code de commerce.

A la suite de cette mention, l'autorité saisie de la plainte et qui aura statué inscrira sa décision.

Le capitaine inscrira pareillement sa décision, quand ce sera lui qui aura prononcé.

CHAPITRE II.

DE LA FORME DE PROCÉDER EN MATIÈRE DE DÉLITS CONTRE LA
DISCIPLINE OU DÉLITS MARITIMES.

Aussitôt qu'un délit de cette espèce aura été commis à bord d'un navire, le rapport écrit en sera fait au capitaine par l'officier de quart ou le second.

Mention en sera faite sur le registre de bord.

Le capitaine, assisté de l'officier qui aura remis le rapport, procédera ensuite à une instruction sommaire et préparatoire, recevra les dépositions des témoins et dressera du tout procès-verbal.

Au premier port où le capitaine abordera, si c'est en pays

étranger, il rendra compte du fait au consul, qui en prendra connaissance, complétera au besoin l'instruction, et fera, s'il le juge nécessaire, débarquer le prévenu pour l'envoyer, avec les pièces du procès, là où l'affaire pourra être jugée. A défaut de consul, le commandant du bâtiment de l'État qui se trouverait sur les lieux agira de la même manière.

Si c'est dans une colonie française que le capitaine aborde, il adressera sa plainte et les pièces du procès au commissaire de l'inscription maritime, qui rendra compte au gouverneur, et ce dernier décidera si le prévenu doit être débarqué, soit pour être jugé sur les lieux, soit pour être renvoyé en France, ou si le prévenu doit rester sur le navire jusqu'à retour en France; et, dans ce dernier cas comme en cas de débarquement pour renvoi sur un autre navire, l'autorité coloniale complétera, au besoin, l'instruction de l'affaire.

Si c'est dans un port de France que le capitaine aborde, il adressera sa plainte et les pièces du procès au commissaire de l'inscription maritime, qui les fera parvenir au préfet ou chef maritime, et ce dernier les transmettra au commissaire rapporteur près le tribunal maritime, avec invitation d'informer.

Le commissaire rapporteur procédera à l'information définitive selon la marche tracée par le décret du 12 novembre 1806.

Après, pour la suite de l'affaire, pour son examen devant le tribunal et pour le jugement, les règles indiquées par le même décret seront observées, sauf les changements qu'il paraît convenable d'introduire sur plusieurs points pour mieux approprier les formes de procéder des tribunaux

6

maritimes à la position des nouveaux justiciables soumis à leur juridiction.

Ces modifications, déjà énoncées dans mon travail primitif (édition 1re du projet de Code), doivent être l'objet d'un sérieux examen.

Il va sans dire que les dispositions qui seront arrêtées pour le jugement, en France, des marins du commerce prévenus de délits contre la discipline, s'appliqueront au jugement, dans les colonies, des prévenus de mêmes délits.

Il va sans dire aussi que les formes indiquées ci-dessus pour l'instruction préparatoire à faire en ce qui concerne les délits contre la discipline, seront également observées par rapport à tous autres délits, comme à tous crimes qui seraient commis à bord; seulement, pour la suite de l'affaire devant la juridiction compétente, la plainte et les pièces seront remises, avec le prévenu, quand il y aura lieu, au procureur du Roi.

TITRE III.

DISPOSITIONS DIVERSES.

Tout prévenu d'un délit grave ou d'un crime, tout homme dangereux et difficile à contenir, qui, par délibération signée du capitaine et des officiers et principaux marins, aura été reconnu devoir être séquestré du surplus de l'équipage pour être mis hors d'état de s'évader ou de nuire, pourra être retenu aux fers, en amarrage ou en prison, jusqu'à l'arrivée du navire au premier port de relâche ou de destination, ou jusqu'à rencontre d'un bâtiment de guerre français.

Cette disposition est applicable aux officiers et même aux passagers.

L'embarquement à titre de punition sur un bâtiment de l'État, entraînera la privation du droit de compter, pour l'avancement ou la pension, la durée de temps relative à la campagne extraordinaire.

Les marins qui, pendant la durée de la peine de l'emprisonnement ou de la mise aux fers, prononcée en matière de simple police, auront été remplacés pour leur service à bord du navire auquel ils appartiennent, supporteront, au moyen d'un prélèvement sur leurs salaires, le remboursement des frais de ce remplacement.

En matière de simple police ainsi qu'en matière correctionnelle, après que les juges auront prononcé la peine de l'emprisonnement ou de la mise aux fers; si, par une cause quelconque, ils reconnaissent que cette peine ne peut recevoir immédiatement son exécution, ils auront la faculté, par une disposition qui sera insérée dans la décision ou le jugement, de convertir ladite peine en une amende spéciale calculée à raison d'un franc au moins et de dix francs au plus par chacun des jours de l'emprisonnement ou de la mise aux fers. Cette amende sera indépendante de celle qui aura été encourue par le délinquant à titre d'amende proprement dite, et elle sera prélevée sur le décompte des salaires de l'homme au désarmement.

Toutes les sommes provenant soit d'amendes prononcées, soit de retenues de portions de solde exercées en vertu des dispositions du présent projet de code, seront versées dans la caisse des invalides de la marine.

Si le fait déféré comme délit au tribunal maritime est

reconnu, par suite de l'examen de l'affaire devant le tribunal, ne constituer qu'une faute de simple police, le tribunal
appliquera l'une des peines relatives aux actes ayant ce dernier caractère; si le fait lui paraît constituer un crime, il
renverra le prévenu devant la juridiction compétente.

Si, après avoir reconnu le caractère de délit au fait soumis à son jugement, le tribunal maritime trouve dans la
cause des circonstances atténuantes, il pourra réduire la
durée de l'emprisonnement ou des fers au-dessous de six
jours, et le taux de l'amende au-dessous de 16 francs.

Dans les stations à l'étranger ou dans les rades des colonies où il n'existerait point de tribunal maritime, le commandant du bâtiment de l'État pourra, après s'être entendu
avec le consul ou avec le gouverneur, déférer au conseil de
justice du bâtiment tout marin d'un navire de commerce
prévenu d'un délit grave contre la discipline, tel que désobéissance accompagnée d'un refus formellement énoncé d'o-
béir, désobéissance avec injures ou menaces, voies de fait
envers un supérieur, rébellion envers le capitaine (restée
dans les limites du délit).

Le conseil de justice prononcera :

Dans les cas de désobéissance ci-dessus spécifiés, la peine de la
mise aux fers ou de l'emprisonnement pendant six jours au moins et
trente jours au plus;

Dans les cas de voies de fait et de rébellion pareillement ci-dessus
spécifiés, la peine d'un à trois coups de cale......................
....

ANNEXES.

RÉSULTATS

DE

LA MISSION DE M. MAREC EN ANGLETERRE,

POUR Y RECUEILLIR

DES RENSEIGNEMENTS SUR L'ÉTAT DE LA LÉGISLATION BRITANNIQUE

TOUCHANT LA RÉPRESSION DES ACTES D'INDISCIPLINE

ET DES DÉLITS ET CRIMES COMMIS À BORD DES NAVIRES DU COMMERCE.

Paris, le 26 août 1835.

D'après les ordres de M. l'amiral Duperré, ministre secrétaire d'État de la marine et des colonies, je me suis rendu à Londres, au commencement du mois de juin, pour y recueillir des renseignements sur l'état de la législation britannique touchant la répression des actes d'indiscipline et des délits et crimes commis à bord des navires du commerce.

Dès mon arrivée en Angleterre, M. l'ambassadeur de France, comte Sébastiani, me prévint que je devais m'attendre à rencontrer beaucoup de lenteur et de difficultés dans les communications nécessaires pour l'accomplissement d'une mission de la nature de celle qui m'était confiée, et il ne me dissimula pas que le temps que je lui annonçais pouvoir être

autorisé à passer à Londres était bien court pour remplir
convenablement l'objet de ma venue en cette ville. M. le
consul général de France, Durant Saint-André, me tint, de
son côté, le même langage, dont l'expérience me démontra
bientôt l'exactitude, en rappelant souvent à ma mémoire ce
qu'avec tant de raison écrivait, il y a quelques années, feu
M. le baron Séguier (alors consul général de France à
Londres), qui avait été chargé par le ministère de la marine
du soin de prendre des informations sur plusieurs questions de
police de navigation : « On trouve (disait M. Séguier) peu
d'aide pour de pareilles recherches dans un pays où le gouvernement n'a lui-même facilité le travail de ses administrations
par aucun recueil officiel de ses règlements, et où celles-ci
se dirigent seulement par le moyen de leurs volumineuses
archives, par l'autorité des décisions précédentes, l'habitude
et la tradition des employés. L'homme étranger à l'administration, qui veut s'éclairer, n'a donc pour ressource que la
compilation des lois, travail qui serait immense, les essais imprimés que les hommes de loi retirés du barreau ont faits sur
différentes matières, ou enfin la complaisance et le loisir de
quelque juge ou employé dans les administrations. »

Ce dernier moyen était pour moi le seul praticable.

Ainsi averti, j'ai consacré presque en totalité le premier
mois qui a suivi mon arrivée à Londres à sonder le terrain,
à établir des rapports avec les personnes qui m'étaient successivement désignées comme pouvant me procurer les renseignements que je désirais obtenir. A combien de portes j'ai
frappé! Que de courses j'ai faites dans cette ville immense,
où les personnes que l'on a à voir sont souvent séparées par
des distances de 4, 6 et 9 milles! De plus, chacun, en Angle-

terre, se renferme strictement dans sa spécialité : aussi m'est-
il souvent arrivé, après avoir interrogé tel avocat, tel avoué,
tel fonctionnaire qui m'avait été indiqué, de reconnaître avec
désespoir que j'avais fait une démarche inutile; l'un ne s,oc-
cupant, en matière maritime, que de causes civiles; l'autre
ne connaisant qu'une branche de législation ou d'administration, différente de celle sur laquelle j'étais venu le consulter.
Qu'on joigne à cela la difficulté provenant de l'obligation,
imposée aux gens que vous interrogez, de vous comprendre et
de vous répondre dans une langue qui n'est pas la leur, qu'ils
ne parlent, en général, que très-imparfaitement, et que souvent, par les mots anglais qu'ils y entremêlent, ils rendent
plus inintelligible que ne le serait leur propre langue constamment parlée à leur interlocuteur français sachant comme moi
quelque peu d'anglais. Néanmoins, si je n'avais visé qu'à faire
une récolte abondante, j'aurais pu, sans doute, en m'épar-
gnant bien des fatigues, rassembler une grande quantité de
renseignements puisés çà et là ; mais que serait-il resté de cet
amas de notes confuses, après qu'elles auraient passé au creuset
de l'examen? fort peu de chose certainement. De semblables
indications ne pouvaient me convenir. Enfin, après beaucoup de peine, je suis parvenu à m'aboucher avec deux
hommes instruits et d'une grande obligeance, savoir :
M. Charles Jones, procureur de l'amirauté (*solicitor of the
admiralty*), et M. Charles Boyd, receveur de la douane de
Londres (*collector of the customs in the port of London*).
Je n'ai point tardé à me convaincre que c'était par ces
deux fonctionnaires surtout que je pouvais espérer d'obtenir les seuls renseignements auxquels j'attachasse du
prix, c'est-à-dire des renseignements précis. J'ai consulté

aussi avec fruit, sur les points de législation que j'avais à vérifier, plusieurs autres personnes, notamment un des principaux armateurs de la cité (M. Enderby), dont je ne saurais trop louer l'extrême complaisance, et M. Doane, avocat à la cour criminelle centrale. Ai-je besoin d'ajouter que j'ai trouvé dans M. le consul général Durant Saint-André, une assistance toujours gracieuse et empressée?

Pour atteindre plus sûrement mon but, j'avais eu la précaution de renfermer dans une série de questions écrites, questions peu nombreuses, mais substantielles, les points principaux qu'il importait d'éclaircir. C'est là le pivot sur lequel ont roulé mes investigations, pour la partie de ma mission qui se rapportait à la vérification de l'état de la législation pénale de l'Angleterre concernant la marine marchande.

Je vais transcrire ci-après ces diverses questions, et je présenterai successivement, en marge de chacune d'elles, le résumé des informations que j'ai recueillies dans toutes mes conférences.

JURIDICTION.

QUESTIONS.

Nº 1. — De quels tribunaux sont justiciables, en Angleterre, les capitaines, officiers et marins des navires du commerce, pour la répression des délits et crimes qu'ils peuvent commettre à bord? — Est-ce la même juridiction qui prononce sur les *délits* et sur les *crimes*?

La législation française classe les actes punissables, ou in-

RÉPONSES.

Anciennement, tous les crimes commis en dehors de la juridiction des tribunaux ordinaires de terre, c'est-à-dire les crimes commis en dedans du flux de la mer et à l'embouchure des grandes rivières, étaient justiciables de la cour d'amirauté, procédant *sans jury*. Mais, sous le règne de Henri VIII (dans le XVIᵉ siècle), le parlement fit une loi portant que certains grands crimes commis dans le ressort de la juridiction de l'amirauté seraient jugés conformément à la règle

fractions, dans trois catégories :

L'infraction punie de peines
de police (emprisonnement de
un à cinq jours, et amende de
1 à 15 francs) est une *contravention.*

L'infraction punie de peines
correctionnelles (emprisonnement au dessus de cinq jours —
amende excédant 15 francs)
est un *délit.*

L'infraction punie de peines
afflictives ou infamantes, ou seulement infamantes (mort, travaux forcés à perpétuité, déportation, travaux forcés à temps,
détention, reclusion, bannisse-
ment, dégradation civique) est
un *crime.*

Existe-t-il en Angleterre quelque classification analogue ?

du droit commun, c'est-à-dire par un *jury*
siégeant dans une cour constituée en vertu
d'une commission royale ; ladite cour pré-
sidée par un juge d'amirauté avec l'assistance
de deux juges ordinaires (*of the common law
judges*).

La législation anglaise n'admet point,
pour le classement des actes punissables,
une distinction aussi méthodique, aussi précise que celle que présente la législation
française. Cependant, sous la dénomination
générique d'*offence* (qui répond à notre mot
infraction), viennent se ranger les dénomi-
nations de *misdemeanor* et *felony*, qui dé-
signent, la première un *délit*, et la seconde
un *crime.*

Présentement, tous les délits et crimes
commis en mer ne peuvent être jugés qu'à
Londres, soit par une commission spéciale
dont un juge d'amirauté est le chef, et qui
est appelée, dans la pratique, tribunal d'a-
mirauté, juridiction de l'amirauté ; soit par
le tribunal criminel ordinaire de Londres.
Cette dernière attribution dérive d'un acte
du parlement du 25 juillet 1834 (4 *et* 5[fn]
William 4th-*chapter* 36-*section* 2 *authorizing
the central criminal court to try offences com-
mited on the high seas*) : elle a été conférée
au tribunal criminel de Londres en vue de
procurer une plus prompte expédition des
affaires, ce tribunal tenant ses séances tous
les mois ; tandis que la commission ou tribunal d'amirauté ne tient les siennes que
tous les six mois. Aussi les causes maritimes
criminelles ne sont-elles portées que fort
rarement devant le tribunal d'amirauté,
dont l'intervention entraîne beaucoup de lenteur et de frais. Un juge d'amirauté est tou-

QUESTIONS.

RÉPONSES.

jours désigné dans la commission royale pour l'institution du tribunal criminel ; mais il ne siége qu'autant qu'il y a à juger un crime maritime.

Il est à remarquer qu'un *act* qui vient de passer au parlement, c'est-à-dire l'*act* du 30 juillet 1835, *relating to the merchant seamen* (art. 38), a étendu à certains délits commis à bord des navires du commerce, tels que rixes et batteries (*common assaults and batteries*), la disposition d'un *act* de la neuvième année du règne de Georges IV, qui a attribué à deux juges de paix le droit de juger les délits de même espèce commis à terre. La peine que les juges de paix peuvent, en ce cas, prononcer, consiste en une amende de 5 livres sterling, avec prison à défaut de payement.

Si, pour les rixes et batteries ayant lieu à terre, on avait reconnu la convenance d'éviter l'appareil d'un jugement par jury, combien n'était-il pas plus nécessaire encore, pour les délits de ce genre commis à bord des bâtiments de commerce, de soumettre les faits au mode de jugement sommaire consacré par l'*act* de la neuvième année du règne de Georges IV ! Ce besoin a été senti, et l'on y a pourvu.

N° 2. — La juridiction de l'amirauté, dont le siége est à Londres, a-t-elle des succursales dans les autres ports d'Angleterre ?

Ou bien existe-t-il des tribunaux d'amirauté indépendants de la cour établie à Londres ?

Dans quels ports ?

Non. Tout vient à Londres. Cependant il existe, dans ce qu'on appelle les cinq ports, des tribunaux d'amirauté qui, en principe seulement, ont droit de juridiction pour le jugement des délits et crimes ; mais ce droit n'est point exercé.

Les colonies anglaises possèdent-elles des tribunaux de cette espèce?

Oui. Il y a des tribunaux de vice-amirauté qui procèdent avec un jury et se réunissent sur l'ordre du gouverneur, quand il est nécessaire. Du moment qu'un navire aborde dans une colonie, cette circonstance suffit pour que la vice-amirauté puisse être saisie de la connaissance du fait à juger, si tous les éléments d'instruction existent sur les lieux.

Quelle est la règle d'après laquelle tel ou tel des tribunaux d'amirauté, à l'exclusion des autres, est saisi de la connaissance d'une affaire de la compétence de la juridiction de l'amirauté?

Y a-t-il des cas qui ne puissent être jugés que par la haute cour d'amirauté de Londres?

Voir la réponse ci-dessus, de laquelle il résulte que toutes les affaires sont jugées à Londres (soit par le tribunal d'amirauté, soit par le tribunal criminel ordinaire), sauf celles qui sont de nature à être jugées dans les colonies.

N° 3. — Autrefois, en France, indépendamment des causes *civiles* se rapportant au commerce et à la navigation maritimes, l'amirauté (suivant les termes de l'ordonnance de 1681, liv. Ier, tit. II, art. 10) connaissait des pirateries, pillages et désertions des équipages, et généralement *de tous crimes et délits commis sur mer, ses ports, havres et rivages.* L'amirauté, en France, jugeait aussi les contraventions aux règlements sur la *pêche* maritime.

En est-il ainsi de la juridiction de l'amirauté en Angleterre?

La juridiction de l'amirauté embrasse toutes les causes civiles ou criminelles qui prennent naissance sur la haute mer, les navires du commerce, les côtes du royaume et celles des colonies. Elle connaît aussi des prises et questions de sauvetage (sur appel) et, concurremment avec la justice ordinaire, des discussions relatives aux gages des matelots. Elle juge encore les contraventions aux règlements sur la pêche maritime.

Un délit commis à bord d'un navire *dans un port* est-il de sa compétence aussi bien qu'un délit commis à bord d'un navire *en mer ou en rade?*

Si c'est dans un port que le fait à juger est survenu, il y a concurrence, c'est-à-dire que la juridiction de terre peut être saisie comme la juridiction de mer; mais si c'est en mer ou en rade, c'est toujours la juridiction de l'amirauté. La compétence de l'amirauté ne s'étend que sur la haute mer et sur la partie du rivage *actuellement* couverte par les eaux de la mer; de sorte que telle partie du rivage qui se trouvait sous sa juridiction à marée haute cesse d'y être soumise à marée basse.

Il y a quelques années, à propos de la compétence, un cas singulier se présenta: un meurtre avait été commis par un contrebandier qui, du rivage (non alors baigné par les eaux de la mer), tira un coup de fusil sur un douanier nageant. Quelle était la juridiction compétente? Il fut décidé que c'était celle de terre.

La compétence a-t-elle lieu sans distinction de la qualité des personnes, ou est-elle restreinte aux personnes appartenant à l'équipage?

La compétence est indépendante des personnes; elle est déterminée par la nature du lieu, *ratione loci.*

Cette compétence est-elle exclusive dans tous les cas, ou bien d'autres juridictions la partagent-elles, et dans quels cas?

Question résolue par les réponses ci-dessus.

N° 4. — Comment les affaires maritimes *en matière criminelle* sont-elles introduites devant le tribunal compétent?

Sur plainte adressée à un juge de paix, qui fait l'examen de l'affaire, qui réunit les témoins, les entend, et renvoie les témoins avec les dépositions et l'accusé devant le tribunal criminel. Dans le cas où le juge de paix déciderait qu'il n'y a pas lieu de donner suite à la plainte, le plaignant peut lui-même s'adresser directement au tribunal. Le jury d'accusation examine alors l'affaire, et décide s'il y a lieu ou non à jugement du prévenu par le tribunal.

La marche ci-dessus indiquée est également suivie quand l'affaire, au lieu d'être déférée au tribunal criminel ordinaire, doit être jugée par le tribunal d'amirauté. Il dépend du plaignant de saisir l'un ou l'autre tribunal.

Existe-t-il quelque officier public qui, soit sur dénonciation ou plainte, soit d'office, ait mission, au nom de la société, d'exercer les poursuites et de requérir l'application de la peine ?

Non, excepté dans quelques cas peu nombreux où intervient, soit l'*attorney général*, soit le *solicitor général*, soit le *solicitor* ou *attorney particulier* de la trésorerie, ou celui de l'amirauté, suivant la branche d'administration que la question intéresse.

Ainsi, pour qu'une affaire criminelle maritime arrive à jugement, il faut, en général, qu'un particulier provoque l'action de la justice en se présentant comme plaignant : c'est ce particulier qui entame la poursuite (*prosecution*) au nom du Roi.

Nº 5. — En quels points essentiels la procédure du tribunal d'amirauté diffère-t-elle de celle des autres tribunaux ?

Cette procédure est-elle plus expéditive ? moins dispendieuse ?

Non ; elle est plus lente.
Non ; elle entraîne plus de frais.

Le tribunal d'amirauté est-il tout à la fois juge du fait et de l'application de la loi, ou procède-t-il avec l'assistance d'un

Le tribunal d'amirauté, comme le tribunal criminel ordinaire, procède avec l'assistance d'un jury.

N. B. Pour quelques *offences* ou fautes

7

jury dont la déclaration devient la base de sa décision?

d'une espèce particulière, on poursuit devant la cour d'amirauté (un seul juge) qui prononce, sans jury, des peines d'amende. Ce cas est fort rare. M. Jones n'en connaît que deux. Il m'a cité spécialement l'exemple d'un capitaine de la marine marchande qui fut ainsi traduit devant la cour d'amirauté, pour avoir indûment arboré sur son navire le pavillon réservé aux bâtiments de la marine royale.

Y a-t-il intervention du jury pour le jugement des délits comme pour celui des crimes, c'est-à-dire pour les causes correctionnelles comme pour celles de grand criminel?

Oui.

De combien de juges est composé le tribunal d'amirauté?

Il y a quatre juges au moins dans la commission spéciale ou tribunal d'amirauté, comme dans le tribunal criminel ordinaire. Quand c'est ce dernier tribunal qui doit prononcer sur un fait maritime, il n'en continue pas moins d'être présidé par un juge ordinaire; mais le juge d'amirauté qui alors y siège concourt à l'éclaircissement des faits par d'utiles explications, que ses connaissances spéciales le mettent à même de donner.

Est-il question de modifier, en quelques points essentiels, l'état actuel de la législation pour la punition des délits et crimes commis à bord des navires du commerce?

Quand cette question a été faite (dans le cours du mois de juillet), un bill alors en examen au parlement, c'est-à-dire le bill *on merchant seamen*, contenait la proposition de retirer des attributions du jury et de transférer à deux juges de paix le droit de juger certains délits commis à bord des navires du commerce. On a vu, par la réponse

QUESTIONS.

RÉPONSES.

à la première question, que cette proposition a été adoptée, le bill qui la contenait étant devenu l'*act* du 3o juillet.

N° 6. — Par qui sont supportés les frais des procès criminels dans les affaires maritimes ?

En ce qui concerne les cas non maritimes, les frais de poursuites devant la cour criminelle centrale sont supportés par les comtés dans lesquels les *offences* ont été commises ; mais, à l'égard des *offences* commises en *haute mer,* les frais sont acquittés sur les fonds mis à la disposition de l'amirauté, ainsi que cela avait lieu avant que la juridiction de l'amirauté eût été transférée à la cour criminelle centrale.

Ainsi, dans quelque port que le navire aborde, soit en Angleterre, en Écosse ou en Irlande, si le poursuivant va devant le juge de paix, et s'il est obligé sous caution, avec ses témoins, de poursuivre l'affaire jusqu'à la cour criminelle centrale, on lui alloue les frais de voyage à Londres, aussi bien que ceux de l'instance devant le grand jury et ceux du procès ou jugement.

A moins que le poursuivant ou témoin ne soit tenu sous caution, par la décision du juge de paix, à poursuivre l'affaire, les dépens ne sont point alloués.

Il n'y a pas de dépens alloués pour les témoins du prévenu, qu'il soit acquitté ou non.

Les dépens sont alloués dans tous les cas de poursuites pour *felonies* (crimes), et seulement dans quelques cas de poursuites pour *misdemeanors* (délits).

Il est toujours à la discrétion du juge président d'allouer ou non les dépens, et s'il pense que le poursuivant ou quelque témoin mérite blâme, il refuse souvent les dépens.

N. B. C'est M. Doane, avocat à la cour

7.

criminelle centrale, qui m'a donné les renseignements précédents sur l'article des frais. Ces renseignements n'ont point toute la précision qu'on pourrait désirer; ils sont d'ailleurs contredits par les déclarations des armateurs que j'ai consultés, ainsi qu'on le verra dans les observations présentées à la suite des questions.

N° 7. — Le ministère d'un avocat est-il indispensable dans le jugement des affaires criminelles maritimes?

D'après la loi française (article 294 du Code d'instruction criminelle) et pour les affaires du ressort de la cour d'assises, l'accusé doit *nécessairement* avoir un défenseur choisi par lui, ou, à défaut, désigné par le juge.

Le ministère d'un avocat n'est point indispensable. L'accusé a le droit de se faire assister d'un défenseur à ses frais; il peut même, s'il est hors d'état de payer un défenseur, en obtenir un qui, sur sa demande, est désigné d'office par le président; mais le président n'est point tenu d'acquiescer à cette demande, qu'il accorde ou refuse comme il lui plaît. Généralement, l'accusé n'a point d'avocat : le président en fait l'office.

Il est d'ailleurs à remarquer que, par une bizarrerie dont la procédure anglaise offre tant d'exemples, l'avocat de l'accusé, en matière de *crimes*, n'est admis à plaider que les *points de droit* uniquement, tandis que, en matière de *délits* (*misdemeanors*), il peut discuter les *faits*.

N° 8. — Les jugements rendus en matière maritime, quand il s'agit d'un simple délit, sont-ils susceptibles d'être attaqués par la voie de l'appel?

Non : pour les délits comme pour les crimes, les jugements sont en dernier ressort. Ils ne peuvent être réformés que par suite de contestation sur quelque *point de droit*, dont la décision est alors soumise aux quinze juges du royaume.

N° 9. — Quelle est l'étendue de l'autorité du capitaine à bord pour la répression de certaines

Ici la nécessité seule fait loi : il serait dangereux d'établir une règle précise, de fixer des limites rigoureuses qui devien-

fautes contre l'ordre et la po- lice intérieure du navire ?

N'a-t-il qu'un pouvoir disci- plinaire ?

Ce pouvoir s'étend-il sur les passagers aussi bien que sur les gens de l'équipage ?

draient la source de contestations multi- pliées. En principe, le capitaine a, sur les gens de l'équipage et sur les passagers, toute l'autorité que comportent la sûreté et le succès de l'expédition. D'après les termes de l'engagement, le matelot, sous peine de la perte de tout ou partie de ses gages, ou de ce qui lui appartiendrait à bord du vais- seau, doit obéir aux commandements du capitaine concernant la manœuvre du bâti- ment, et à ceux qui ont pour objet de main- tenir le bon ordre, de prévenir le vice et l'immoralité. Le capitaine doit, dans tous les cas, user de son autorité avec modéra- tion. A son retour en Angleterre, il peut être appelé en justice par tout homme de son équipage qu'il aurait frappé, maltraité ou emprisonné dans le cours du voyage; et, s'il ne prouvait pas que le châtiment était juste et modéré, il pourrait être condamné à une amende et à des dommages-intérêts. Le ca- pitaine est autorisé à employer la force pour la répression d'un attentat ou d'un grand crime, c'est-à-dire pour en amener le châti- ment en mettant le coupable hors d'état de nuire; mais il n'a point juridiction sur le criminel, et il doit, à son retour dans le Royaume-Uni, le livrer aux autorités com- pétentes, à moins que la rencontre d'un bâ- timent de guerre ne lui ait permis de s'en débarrasser plus tôt. Dans le cas de mutine- rie ou de révolte ouverte de la part de l'é- quipage, la résistance du capitaine, eu égard aux conséquences qu'elle peut entraîner, est considérée comme un acte nécessité par la légitime défense, et sa conduite serait jugée d'après cette considération. En un mot, le capitaine doit régler l'usage de son autorité sur *les circonstances*, qui sont ensuite appréciées par le tribunal. Un fait remarquable m'a été cité à cette occasion : il y a quelques années, un navire ayant à bord un grand nombre de passagers, était arrivé en vue des côtes d'Angleterre, lorsqu'une tempête éclata. Tous les passagers étaient montés sur le pont, où leur présence gênait les travaux de la manœuvre et ajoutait aux périls de la situation du bâtiment. Le capitaine ordonna d'enfermer les passagers dans la cale; ils y furent entassés, et la privation d'air en fit périr plusieurs. Une accusation de meurtre contre le capitaine fut intentée au nom des parents des victimes; mais le capitaine fut acquitté, d'après la considération que le parti qu'il avait pris était justifié par la circonstance.

Le capitaine a-t-il le droit d'infliger les punitions de son ressort, le navire étant dans un port d'Angleterre, tout comme lorsque le navire est en pleine mer ou en rade?

Dans un port, non.

Avant de faire infliger la punition, est-il tenu de prendre l'avis de ses officiers et de le mentionner par écrit dans un acte quelconque ?

Cela doit être; la prudence l'exige : il se forme, ou du moins il devrait se former à bord une espèce de conseil de justice. Cet usage existait à bord des bâtiments de la compagnie des Indes; mais il est négligé sur les autres navires, dont les capitaines se bornent à mentionner dans leur journal les punitions qu'ils ont prononcées.

PÉNALITÉ.

N° 1. — Quelle est la peine prononcée contre le marin qui se rend coupable *d'injure* envers le capitaine ou un officier?

— En France, dans l'état actuel de la législation, le matelot qui commettrait une pareille faute n'encourrait que la peine d'1 à 5 francs d'amende, établie pour le cas d'injure simple par les articles 376 et 471 du Code pénal de 1810. Cette peine peut être suffisante dans les relations ordinaires de citoyen à citoyen; mais on conçoit que l'injure adressée par un matelot à son capitaine, ou à l'un des officiers, présente un caractère de gravité qui exige une répression plus sévère. Aussi, d'après le projet de loi pénale préparé pour la marine marchande, la peine relative au cas d'injure serait un emprisonnement de six jours à un an, avec faculté pour les juges d'y joindre une amende de 16 à 100 francs.

N° 2. — Quelle est la peine contre le marin qui *menace* son capitaine ou un officier?

— En France, dans l'état actuel de la législation, aucune peine n'atteint l'auteur d'une menace verbale, à moins que

Il n'y a point de peine. Le capitaine, dans ce cas, frappe ou emploie tel autre moyen de punition de son ressort. La loi anglaise, en ne prononçant point de peine pour le cas d'injure, a agi (comme me l'a dit le procureur de l'amirauté) d'après l'adage vulgaire que « *les paroles ne cassent pas les os.* »

C'est encore le capitaine qui, dans ce cas, punit par l'un des moyens de répression disciplinaire à sa disposition. M. le procureur de l'amirauté pense qu'il serait bon, en Angleterre, d'établir une peine à cet égard, comme on a le projet de le faire en France: le matelot pourrait perdre ses gages par ju-

QUESTIONS.

cette menace n'ait été faite *avec ordre ou sous condition* (c'est-à-dire avec ordre de déposer une somme d'argent dans un lieu indiqué ou de remplir toute autre condition) , cas auquel le coupable est passible (article 307 du Code) de six mois à deux ans de prison ; et de 25 à 300 francs d'amende. Il a paru important que le matelot qui aurait proféré contre son capitaine une menace verbale, même sans ordre ou condition, fût désormais puni, et c'est à quoi pourvoit le projet de loi qui prononce, dans ce cas, la peine d'emprisonnement pendant six jours à un an, avec addition facultative d'une amende de 16 francs à 100 francs.

N° 3. — Quelle est la peine contre le marin qui *frappe* son capitaine ou un officier ?

— En France, maintenant (d'après l'article 311 du Code pénal de 1810, modifié en 1832), six jours à deux ans de prison, et amende de 16 à 200 francs, ou l'une de ces deux peines seulement. — Le projet de loi élève le minimum et le maximum de l'une et l'autre peine, savoir :

Trois mois à trois ans de prison, avec faculté d'y ajouter 50 à 300 francs d'amende.

RÉPONSES.

gement de la *cour* d'amirauté, sans jury : ce serait une conséquence du contrat entre le matelot et le capitaine.

Il n'y a point de disposition spéciale basée, pour le cas dont il s'agit, sur la position du matelot à l'égard du capitaine. La peine générale consiste dans l'amende et dans la prison. Le juge en règle l'application sur la qualité du *frappant* et du *frappé*, et naturellement cette application est plus sévère quand un matelot est en cause pour voies de fait exercées sur son capitaine, que s'il s'agissait de coups portés à un particulier par un autre particulier dans les relations de la vie civile ordinaire.

Si le matelot avait frappé avec *une arme*, il serait passible de la peine de mort ou de la déportation pour la vie.

N° 4. — Quelle est la peine contre les marins qui, par fraude ou violence envers le capitaine, s'emparent du bâtiment ?

— En France, présentement (d'après la loi du 10 avril 1825, tit. Iᵉʳ, *de la Piraterie*, art. 4 et 8) :

— Peine de mort contre les chefs et officiers.

— Peine des travaux forcés à perpétuité contre les autres hommes d'équipage.

N° 5. — Le vol commis à *bord d'un navire* est-il puni plus sévèrement que le vol commis à *terre?*

D'après la législation française en vigueur (art. 15 de la loi du 10 avril 1825, renvoyant à l'art. 386, § 4, du Code pénal), l'auteur d'un vol commis à bord, même si c'est un passager, est sujet à la peine afflictive et infamante de la réclusion pendant cinq ans au moins et dix ans au plus.

N° 6. — Quelle est la peine pour le cas de *révolte?*

N° 7. — Quelle est la peine pour le cas de *complot* contre la sûreté, la liberté ou l'autorité du capitaine?

D'après la loi du 22 août 1790 (art. 11) sur les peines à

La mort contre tous les coupables.

Oui ; un vol de cette espèce est considéré comme vol domestique. Cependant l'appréciation en est laissée à la discrétion du juge, qui a égard à la valeur de l'objet volé, et prononce, selon cette valeur et les circonstances du vol, la peine de la déportation à temps ou à vie.

La mort : c'est un cas de *felony.*

La mort, s'il y a eu un commencement d'exécution; autrement ce n'est qu'une *conjuracion* punissable d'emprisonnement.

infliger dans l'armée navale, le complot spécifié comme ci-dessus entraine contre ses auteurs, à bord d'un bâtiment de guerre, la peine des travaux forcés à perpétuité.

Pour le même crime à bord d'un navire du commerce, il n'existe point présentement de punition. Celle qu'établit le projet de loi consiste dans la réclusion, ou, selon les circonstances, dans les travaux forcés à temps.

On entend par *complot* la résolution d'agir dans le but criminel du projet, concertée et arrêtée entre deux ou plusieurs personnes.

N° 8. — Quelle est la peine contre les marins déserteurs du commerce?

En France, perte des salaires et campagne extraordinaire de trois à six mois, à la basse paye du grade, sur un bâtiment de l'État. (Ordonnance du 31 octobre 1784; — loi du 22 août 1790.)

La désertion d'un marin du commerce n'est considérée, en Angleterre, que comme la violation d'un contrat civil, qui donne lieu à la perte des gages dus au moment de la désertion. C'est le juge de paix qui prononce jusqu'à 20 livres sterling; au-dessus c'est la cour d'amirauté (sans jury). En cas de désertion après *avances reçues*, le juge de paix peut prononcer la peine d'un mois de prison.

Si, après avoir souscrit son engagement, un matelot refusait de s'embarquer, le capitaine pourrait obtenir du juge de paix un mandat d'arrêt contre lui; s'il persistait à ne pas vouloir s'embarquer, sans fournir d'excuse suffisante, il serait condamné à l'emprisonnement avec travail pénible (*hard labor*) pendant trente jours au plus et quatorze au

QUESTIONS.

RÉPONSES.

moins. Les gages du déserteur sont dévolus à l'hôpital de Greenwich, s'il était engagé à *salaires,* et ils restent à l'armateur, s'il était engagé à la *part.*

Le matelot qui s'absente de son bord sans la permission du capitaine perd, pour chaque jour d'absence, deux jours de solde au profit de l'hôpital de Greenwich.

Si, à l'arrivée du vaisseau, il le quitte sans la permission écrite du capitaine, avant que le déchargement ait été effectué, il perd un mois de ses gages, également au profit de l'hôpital de Greenwich.

(Voir, dans l'*act merchant seamen* du 30 juillet 1835, articles 6, 7, 8, 9, 10, de nouvelles dispositions sur la désertion et les absences non autorisées.)

N° 9. — Le capitaine qui s'enivre pendant qu'il est chargé de la conduite d'un navire est-il passible de quelque peine ?

En France, maintenant, rien. D'après le projet de loi, interdiction de commandement de six mois à deux ans, et même interdiction absolue, avec addition facultative, dans tous les cas, de la peine d'emprisonnement pendant quinze jours à un an.

Non : c'est une affaire entre lui et l'armateur, qui, si l'ivresse du capitaine lui a causé quelque tort, peut en poursuivre la réparation devant les tribunaux.

N° 10. — Le capitaine d'un navire du commerce anglais, arrivant dans une rade anglaise ou étrangère où se trouve un bâtiment de guerre anglais, a-t-il quelque devoir à remplir envers le commandant de ce bâ-

Non. Le commandant du bâtiment de l'État envoie à bord, s'il a quelque vérification à faire, s'il a quelque ordre ou information à transmettre au capitaine d'un navire du commerce.

(Voir les observations présentées sur ce sujet à la suite des questions.)

timent? est-il tenu de se rendre
à bord dudit bâtiment à son arrivée et lors de son départ? en-
court-il quelque peine s'il se
soustrait à cette obligation?

— L'obligation dont il s'agit
est imposée formellement aux
capitaines de navires français
par les anciennes ordonnances,
notamment par celles des 25 mai
1745 et 25 mars 1765. Elle a
été renouvelée et confirmée par
une ordonnance du 31 octobre
1827 (art. 101).

D'après le projet de loi, la
peine pour les cas d'infraction
serait une interdiction de commandement d'un mois à six
mois, ou un emprisonnement
de dix jours à six mois.

N° 11. — Des punitions peu-
vent-elles être infligées sur un
bâtiment de guerre à un marin
d'un navire du commerce, pour
une faute commise à bord de ce
navire?

N° 12. — Quelles sont les
peines que le capitaine d'un
navire du commerce est autorisé à prononcer, par voie disciplinaire, contre les marins de
son équipage?
— Les punitions que, d'après
la législation française (ordonnance de 1681, liv. II, tit. 1er,
art. 22), un capitaine a le droit

Non.

Il n'y a aucune disposition expresse à cet
égard. Le capitaine peut frapper sans en
avoir le droit formel; mais il est exposé à
une action en dommages-intérêts, qui est intentée devant la juridiction civile ordinaire,
et, si l'on reconnaît qu'il a excédé les bornes
que lui prescrivaient la modération et la
justice, il est condamné.

Suivant un capitaine anglais, que j'ai interrogé spécialement à ce sujet, les moyens

QUESTIONS.

RÉPONSES.

de prononcer par voie de discipline, sont les suivantes :
—La cale ;—quelques coups
de garcette ou bout de corde ;
— la mise aux fers ; — la mise
au pain et à l'eau ; — le placement sur une barre de cabestan avec deux boulets aux pieds
pendant une ou deux heures,
— etc., etc.

Depuis longtemps la peine
de la cale et celle des coups de
corde ne sont plus infligées à
bord des navires du commerce,
et les moyens de punition com-
munément employés aujour-
d'hui se réduisent à la mise aux
fers et à la mise au pain et à
l'eau, ou seulement au retranchement de vin de la ration.

de punition usités à bord des navires du
commerce ne consisteraient habituellement
que dans la mise aux fers et le retranchement du grog de la ration, *le capitaine n'osant
point frapper à cause des conséquences.*

Ici je crois devoir transcrire, comme offrant le sujet
d'une utile comparaison, la traduction que je me suis pro-
curée d'un acte du congrès des États-Unis d'Amérique, en
date du 3 mars 1835, qui contient des dispositions pénales
relativement aux faits d'insubordination plus ou moins graves
et autres délits que peuvent commettre les marins des bâtiments de commerce américains.

Cet acte, remarquable par sa brièveté et sa précision,
est ainsi conçu :

ACTE [1] QUI AMENDE LES PRÉCÉDENTS ACTES POUR LA PUNITION DES
CRIMES CONTRE LES ÉTATS-UNIS.

« ART. 1ᵉʳ. Tout individu appartenant à l'équipage d'un
bâtiment américain se trouvant dans les hautes mers ou
dans les limites de la juridiction maritime des États-Unis,
qui, par violence ou par fraude, se sera emparé du commandement dudit bâtiment, au préjudice du commandant
légal, ou qui aura méconnu ou fait méconnaître d'une manière quelconque l'autorité dudit capitaine, sera considéré
comme en état de révolte, de mutinerie et de félonie, et,
comme tel, sera passible d'une amende qui ne pourra dépasser 2,000 dollars, et d'un emprisonnement avec travail
pénible (*hard labor*), qui ne pourra durer plus de dix ans,
selon la nature et la gravité du crime.

« 2. Tout individu appartenant à l'équipage d'un navire
américain se trouvant dans les hautes mers ou dans les limites de la juridiction maritime des États-Unis, qui se ré-
voltera ou excitera à la révolte, à la sédition ou au tumulte
l'équipage dudit bâtiment, et qui aura désobéi ou qui aura
incarcéré les officiers du bord, sera passible d'une amende
qui ne pourra excéder 1,000 dollars, ou d'un emprisonnement qui ne pourra durer plus de cinq ans, ou enfin des
deux peines, s'il y a aggravation.

« 3. Le master ou tout autre officier d'un bâtiment américain se trouvant dans les hautes mers ou dans les limites
de la juridiction maritime des États-Unis, qui, *sans cause
justificative*, aura battu, blessé ou emprisonné un ou plu-

---

[1] Extrait du National Intelligencer ; Washington, tuesday, march 17, 1835.

sieurs hommes de l'équipage dudit bâtiment, qui aura retenu les vivres ou en aura fourni d'une mauvaise qualité, sera passible d'une amende qui ne pourra excéder 1,000 dollars, ou d'un emprisonnement qui ne pourra durer plus de cinq ans, ou enfin des deux peines, selon la nature et la gravité du crime.

« 4. Tout individu prévenu d'un crime quelconque contre les États-Unis, et qui fera défaut ou ne voudra pas se défendre, sera néanmoins défendu comme s'il était présent. Quand ledit prévenu se sera ou aura été défendu, la cause sera considérée comme entendue, et sur-le-champ déférée au jury. Dans tous les cas emportant la peine capitale, si le prévenu récuse plus de jurés que la loi n'autorise à le faire, cet abus ne sera point toléré par la cour et la cause sera continuée.

« 5. Tout individu convaincu d'un crime contre les États-Unis emportant une amende et la prison, ou l'une de ces deux peines, pourra être admis à subir sa détention dans une maison de correction dans le ressort de la cour qui aura rendu le jugement, après qu'il en aura obtenu l'autorisation de la législature de l'État. Les dépens seront portés au compte des États-Unis. »

APPROUVÉ: 3 mars 1835.

Maintenant, je présenterai quelques observations que suggèrent les réponses aux questions qui ont fait la matière de mes investigations sur l'état de la législation britannique, touchant la juridiction et la pénalité pour les cas maritimes qui prennent naissance à bord des bâtiments du commerce.

En Angleterre, comme on l'a vu, le mode de jugement des délits et crimes commis en mer à bord des navires marchands ne s'écarte pas, *sur les points essentiels*, des règles du droit commun pour le jugement des crimes et délits commis dans la vie civile ordinaire : toujours, sauf pour quelques cas rares et peu importants, le *jury* intervient. C'est là, il faut l'avouer, puisque nous voulons nous étayer de l'exemple de l'Angleterre, un argument de plus à l'appui de la résolution que nous avons prise de retrancher de notre projet de code, pour la supprimer tout à fait, ou du moins pour l'ajourner, la partie relative à la *juridiction exception-nelle* sous laquelle nous avions eu d'abord l'idée de ranger les marins des navires du commerce. Cependant, il est à remarquer que les jurisconsultes de ce pays qui connaissent à fond, comme M. le procureur de l'amirauté Jones, les af-faires de la marine, trouvent que, *dans la pratique*, des in-convénients graves sont attachés à l'intervention du *jury* pour le jugement des *causes maritimes*[1]. Nous ferons notre profit de cette observation pour motiver une sorte de ré-serve, tout en annonçant l'abandon de la proposition rela-tive à l'institution de *tribunaux maritimes commerciaux*. Une réflexion importante vient ici se placer naturellement. Si en Angleterre, pays essentiellement voué à la navigation, on objecte que le jury est souvent composé de gens n'enten-dant rien aux affaires de la marine; si cette objection est faite

---

[1] L'opinion de M. Jones est très-opposée à l'intervention du jury dans les affaires maritimes. Je lui avais demandé si les délits et crimes commis sur les vaisseaux de l'État étaient jugés par un jury : « Non assurément (me répon-dit-il); ce serait la ruine de la subordination que l'intervention du jury en pareille matière. »

même à l'égard du jury formé à Londres, que dira-t-on donc
du jury appelé en France à prononcer sur les cas maritimes,
lesquels ne peuvent être bien appréciés que par des personnes connaissant le langage des marins, leurs mœurs,
leurs habitudes, ayant l'expérience de tout ce qui concerne
la navigation et le commerce maritime ? — Du moins en
Angleterre, quand le fait à juger se rapporte à la marine,
le tribunal qui doit prononcer prend la couleur et, jusqu'à
un certain point, le caractère d'un *tribunal maritime* par
l'adjonction d'un *juge d'amirauté*. On reconnaîtra tout l'avantage de cette disposition si l'on considère combien d'influence exerce en Angleterre, sur la déclaration du jury, le
chef du tribunal, agissant d'après sa propre impulsion ou à
l'instigation de ses collègues[1]. — La présence d'un juge
d'amirauté dans la composition du tribunal appelé, avec
l'assistance du jury, à statuer sur les délits et crimes commis
à bord des bâtiments du commerce, est donc un véritable
bienfait, et il serait à souhaiter qu'en France, puisque nous
devons continuer de soumettre au jury le jugement des
causes maritimes, une pareille disposition pût être adoptée.

Cependant tout n'est pas parfait, tout n'est pas à imiter
pour nous dans la législation anglaise sur la matière qui nous
occupe ; beaucoup s'en faut. La police administrative est presque nulle en Angleterre, et la police judiciaire laisse singuliè-
rement à désirer, surtout par l'absence de la belle institution
française du *ministère public*, agissant pour la recherche, la

---

[1] Le juge président a, en outre, une latitude extraordinaire pour la détermination de la peine : il peut, d'après ce que m'a dit M. l'avocat Dosné, prononcer pour un même fait depuis deux jours de prison jusqu'à sept ans de
déportation.

poursuite et la punition des crimes, au nom et *aux frais* de la société. Comme on l'a vu par la réponse à la question n° 4 (juridiction), pour qu'une affaire criminelle maritime arrive à jugement, il faut, en général, qu'un particulier, même quand la société est intéressée avec lui et plus que lui à la répression du fait, provoque l'action de la justice en se présentant comme plaignant. C'est là un vice réel; c'est là une grande cause d'obstacle à l'administration de la justice. Le plaignant, en effet, outre tous les embarras, tous les désagréments de la procédure à suivre, est encore exposé à supporter, en définitive, le fardeau de tout ou partie des *frais*. Aussi, par le désir d'éviter une telle conséquence, que de délits commis à bord des navires du commerce dont les armateurs s'abstiennent de provoquer la punition! Les renseignements que m'a donnés M. Doane, avocat à la cour criminelle centrale, sur l'article des frais (voir réponse à la question n° 6, juridiction), peuvent être vrais en principe; mais, eu égard à ce qui se passe réellement, ils ne sont point d'accord avec les déclarations des armateurs que j'ai consultés sur le même sujet : tous ces armateurs se sont plaints d'être exposés à payer des frais énormes quand il leur arrivait de déférer aux tribunaux quelque matelot coupable de tel ou tel délit. Les frais, ont-ils ajouté, sont une *cause continuelle d'impunité.* Un armateur, membre de la chambre des communes, M. Young, a corroboré du témoignage le plus formel ce que j'avais maintes fois entendu répéter à cet égard par M. Enderby. — M. Buckingham, autre membre de la chambre des communes, à qui j'ai aussi parlé de la question des frais de justice en Angleterre, m'a répondu : « Que voulez-vous? Nous sommes ici sur ce point, comme

sur beaucoup d'autres, régis par le système le plus absurde. »
— Il m'a cité, à cette occasion, le cas d'un pilote à qui, il
y a quelques années, sa montre fut prise pendant qu'il in-
troduisait un navire dans la Tamise. Sur sa plainte, une vérification faite à bord amena la découverte du voleur, qui
était un des hommes de l'équipage. Le voleur fut comdamné;
mais le plaignant, qui avait été forcé de suivre personnellement l'affaire jusqu'au bout, eut à payer 40 livres sterling
de frais, et sa montre, qui en valait à peine 4 ou 5, ne lui
fut pas rendue!

Voilà sans doute un état de choses bien vicieux, et il faut
reconnaître que l'administration de la justice en France n'é-
prouve point de pareilles entraves.

Les renseignements que j'ai recueillis dans mes conférences avec les armateurs anglais me conduisent aussi à déclarer (et je le dis non sans une sorte de consolation pour
l'honneur de notre pavillon) que la marine commerciale de
la France n'a pas seule, comme beaucoup de gens chez nous
le prétendent, le privilége de ces actes d'insubordination,
de ces révoltes dont on enregistre le récit avec tant de complaisance dans nos journaux : ces scènes de désordres sont
au moins aussi fréquentes et souvent bien plus graves sur
les navires de la marine marchande d'Angleterre. Qu'on lise
les divers documents que je joins à ce rapport sous les
nᵒˢ 1, 2 et 3, et l'on verra à quel excès les marins anglais
employés sur les navires marchands portent le mépris de la
discipline, la violation de tous les devoirs envers le capitaine. Les relations qu'offrent les documents ci-annexés des
actes de rébellion survenus à bord des navires *Lady-Amherst*,
le Conway, le Corsaire, l'Océan, le Manly, suffisent pour

8.

donner une idée de cet esprit d'indiscipline qui, je le répète, ne s'est point uniquement réfugié sous notre pavillon. Dans mes premiers entretiens avec M. Enderby, j'avais pu déjà acquérir sur ce point une conviction qui n'a fait que se fortifier par tout ce que j'ai recueilli dans mes entretiens subséquents avec le même armateur et tous les autres armateurs et capitaines que j'ai entendus. Je me suis rendu avec M. Enderby à bord du navire *le Conway* dans le West-India-Docks. Le maître charpentier de ce navire, interrogé devant moi sur la question de savoir si les marins français étaient plus indisciplinés que les marins anglais, n'a pas hésité à faire une réponse négative, remarquable par la circonstance que son auteur a navigué à bord de bâtiments français. Depuis, j'ai eu sur le même sujet une conférence beaucoup plus étendue avec le capitaine anglais Distant, venant de faire une campagne à la pêche de la baleine (1) dans les mers du Sud, et ayant commandé précédemment pendant quelques années un navire baleinier français, pour le compte d'une maison de la place de Nantes. M. Enderby assistait encore à cette conférence, à laquelle il a pris part. Voici, dans leur simplicité, les réponses que j'ai recueillies :

— Le capitaine d'un navire anglais n'a, pour le maintien de la discipline à bord, qu'un pouvoir très-limité. Il n'est

(1) En Angleterre comme en France, c'est principalement à bord des bâtiments baleiniers qu'ont lieu les actes de révolte que les deux marines déplorent. On se rendra compte de ce fait, si l'on considère que la pêche de la baleine comporte de très-longs voyages, expose les hommes à beaucoup de fatigues, de privations et de dangers, toutes causes qui aigrissent leur caractère, et si l'on considère en outre que, pour ce genre de navigation, les marins étant engagés à *la part d'un profit éventuel*, ils se croient le droit de faire des représentations qui finissent par aller jusqu'à la révolte, quand le succès

point autorisé à infliger des punitions corporelles. Il peut sans doute frapper accidentellement un homme de son équipage coupable de quelque manquement à la subordination, et, dans le fait, il frappe quelquefois; mais c'est à ses risques et périls, car par là il s'expose à une action en dommages-intérêts. — Les marins français sont beaucoup plus disciplinés que les marins anglais. — Les hommes des équipages français donneraient lieu à moins de reproches encore sous le rapport de la subordination, s'ils n'étaient quelquefois détournés de leurs devoirs par l'exemple des officiers, beaucoup plus difficiles à conduire que les matelots. — M. Enderby se plaint de ce que, en Angleterre, dans les actes de la législation comme dans les décisions des tribunaux, on fait tout pour les matelots, et rien ou du moins trop peu pour les capitaines, dont l'autorité n'est pas suffisamment fortifiée. — En France (dit le capitaine Distant), le capitaine peut punir, il peut frapper un matelot désobéissant, mutin; en Angleterre, le capitaine n'ose pas : souvent ses matelots l'excitent à les frapper, afin d'obtenir des dommages-intérêts.

de la pêche leur paraît compromis par les vices du matériel d'armement, ou par l'incapacité des chefs de pirogues et des harponneurs.

Voici le nombre des bâtiments anglais occupés à la pêche de la baleine en 1835 :

Dans le Nord (détroit de Davis et côtes du Groënland)............ 68
Dans le Sud.. 76

Pendant les cinq années précédentes, il a été employé à la pêche du Sud savoir :

En 1834   96 navires (plus 40 expédiés de la Nouvelle-Hollande).
1833   110.
1832   106.
1831   108.
1830   104.

Veut-il mettre un matelot aux fers? Ce moyen de punition est fréquemment rendu impraticable par l'opposition des autres hommes de l'équipage. — Le capitaine Distant trouve que les plaintes des capitaines français sont exagérées. Suivant lui, la position des capitaines anglais est bien autrement fâcheuse : avec plus d'indiscipline à leur bord, ils ont moins de moyens de répression; si l'on n'y met ordre, il n'y aura bientôt plus possibilité de naviguer. La France, ajoute-t-il, pour établir sur une base solide la discipline à bord de ses navires, ne doit pas adopter la méthode anglaise. En définitive, dans la comparaison des deux marines marchandes, sous le rapport de la discipline, il donne entièrement l'avantage au pavillon français. Il avoue franchement d'ailleurs qu'en Angleterre comme en France, la manière d'agir du capitaine est bien souvent l'origine des désordres dont les capitaines rejettent toute la faute sur l'esprit d'insubordination des matelots. —

Ces déclarations sont fort remarquables, et je puis dire que, de toute part, il m'est arrivé des témoignages qui sont venus les corroborer.

Dans la même conférence avec le capitaine Distant, et à propos de la *désertion* qui, en Angleterre comme en France, entraîne contre le marin déserteur la privation de ses gages, j'ai demandé à ce capitaine ce qu'il pensait des campagnes extraordinaires que le matelot français qui a déserté d'un navire du commerce, est, en outre, condamné à faire sur un bâtiment de l'État. M. le procureur de l'amirauté, à qui j'avais précédemment adressé la même question, m'avait répondu que l'embarquement d'un matelot déserteur du commerce sur un bâtiment de l'État était répudié en An-

gleterre, comme contraire à la dignité de la marine royale.
Cependant le capitaine Distant et, avec lui, M. Enderby
m'ont déclaré que ce moyen de punition, qu'ils trouvent
très-bon, très-efficace, était employé en Angleterre contre
les marins fraudeurs, qui sont embarqués pour plusieurs années, sans solde, sur les bâtiments de la marine militaire.
Ils m'ont même cité l'exemple d'un officier de la marine
marchande, récemment condamné à faire de cette manière
une campagne de trois ans, pour avoir introduit en contrebande quelques livres de tabac. Il ne faut donc point tant
s'élever contre l'emploi fait en France de ce mode de punition envers les marins déserteurs des navires du commerce;
et j'insiste sur cette observation, parce que, en France
même, on trouve beaucoup de personnes qui réprouvent
l'embarquement des déserteurs du commerce sur les vaisseaux de l'État, genre de punition que notre projet de loi
consacre, à l'imitation des anciens règlements, et qui ne
saurait être remplacé par aucun autre réellement plus efficace. Je ne doute pas que l'Angleterre ne l'adopte un jour,
si les marins de ce pays se trouvent, par la suite, soumis à un
mode régulier d'appel pour l'équipement de la flotte, à
l'instar de ce qui a lieu chez nous. C'est cette position de nos
marins qui explique et justifie l'application de la peine dont
il s'agit à l'égard des déserteurs; car, en France, la désertion d'un matelot du commerce n'est pas seulement une
violation du contrat qui liait ce matelot au service d'un armateur; elle constitue aussi une infraction à ses devoirs
comme marin *inscrit*, et c'est sous ce dernier point de vue
que la punition de la désertion va jusqu'à l'obligation de
faire une campagne extraordinaire sur un bâtiment de l'État.

Or, l'embarquement d'un *déserteur* ne porte pas plus d'atteinte à la dignité de la marine royale française, que n'en porte à la dignité de la marine royale britannique l'embarquement d'un *fraudeur*.

Des réclamations se sont souvent fait entendre en France contre la disposition de nos règlements qui prive les armateurs français de la liberté indéfinie dont jouissent les armateurs anglais dans le choix de leurs capitaines. Ces réclamations sont surtout parties du port du Havre, dont les armateurs, en citant l'exemple de l'Angleterre, ont demandé que le droit de commander les navires du commerce ne fût plus chez nous soumis à la condition, pour les capitaines, d'avoir préalablement fait preuve de capacité dans un examen public. — Cette demande a été écartée par la considération qu'au maintien de la condition d'examen était attachée la sûreté de notre navigation; et la règle établie en France, depuis un temps immémorial, a continué d'être appliquée. Eh bien! en Angleterre même, on reconnaît aujourd'hui l'avantage de ce système, auquel nous devons plus d'instruction dans le corps de nos capitaines, et, partant, moins de sinistres dans la navigation. En Angleterre, on appelle l'intervention de l'autorité là où cette intervention, en France, excite les plaintes de beaucoup de nos armateurs. — Un ouvrage anglais, que je me suis procuré, contient, sur la fréquence des naufrages dans la marine marchande britannique, un article remarquable rédigé d'après des indications recueillies auprès de l'établissement du Lloyd. L'auteur de cet article expose qu'en l'année 1833, sur 24,500 navires environ employés par la marine marchande d'Angleterre, 800 *naufrages* ont eu lieu. Il déclare ensuite que, sur ces 800 sinistres, 200 à 250 au plus peuvent être imputés à des causes naturelles; mais que les 550 à 600 restants doivent être attribués principalement à l'*ignorance*, à l'*incapacité* et à l'*incurie des capitaines* (*to the ignorance, incapacity and carelesness of the masters*). Pour remédier à un état de choses aussi fâcheux, il réclame comme un devoir l'intervention du gouvernement, en l'engageant à soumettre le droit de commander les navires à quelque mesure de précaution imitée de ce qui se pratique en France. Plusieurs armateurs anglais ont exprimé devant moi un vœu pareil, et ce fait vient encore prouver la tendance de l'Angleterre à s'approprier tout ce qu'il y a de bon, tout ce qu'il y a de réellement utile dans ces dispositions de nos règlement dont tant de réclamations irréfléchies provoquent en France l'abandon.

Je n'ai pas d'une manière certaine le chiffre des naufrages qui ont eu lieu dans la marine marchande sous pavillon français en 1833 ; mais je ne crois pas être en deçà de la vérité, en disant que ce chiffre n'a été que de 150 à 170, sur environ 16,000 navires employés.

Un autre point mérite aussi qu'on s'y arrête, comme donnant lieu à des réflexions qui présentent quelque intérêt : il s'agit de la question des obligations des capitaines de la marine marchande envers les commandants des bâtiments de la marine militaire, et notamment de la disposition de nos règlements d'après laquelle les capitaines de navires français, à leur arrivée dans une rade française ou étrangère, et à leur départ, sont tenus d'aller à bord des bâtiments de guerre français qui peuvent s'y trouver, afin de rendre compte de leur navigation, des nouvelles de mer, afin aussi de recevoir des informations, des paquets, etc. On a vu, par la réponse à l'une des questions ci-dessus transcrites, que les capitaines des navires anglais ne sont point soumis à une pareille formalité, laquelle excite les plaintes, les réclamations de beaucoup de nos capitaines, qui ne voient dans cette obligation qu'une sorte de *vasselage* injurieux pour la marine du commerce. C'est assurément mal juger la chose. Et d'ailleurs il n'est point exact de dire, comme le prétendent nos capitaines, que les capitaines anglais ne sont assujettis à aucune formalité quelconque envers les commandants des bâtiments de l'État. L'article 50 de *l'act on merchant seamen* contient ou plutôt renouvelle une disposition par laquelle les capitaines du commerce sont astreints à produire l'acte d'engagement et le rôle de leur équipage à tout commandant ou officier de la marine royale qui en requiert l'exhibition, lequel commandant peut passer la revue de l'équipage, et procéder aux vérifications nécessaires pour s'assurer que tout à bord est conforme aux règles de la police de la navigation. Au reste, en admettant que l'obligation imposée aux capitaines français d'aller à bord des bâtiments de guerre dans les rades où ils abordent, fût une simple affaire de déférence, de politesse (quand il est vrai de dire que c'est un devoir fondé sur des considérations d'utilité réelle pour la navigation commerciale), que serait, en définitive, une pareille obligation à côté du droit exorbitant qu'avaient naguère les commandants des bâtiments de guerre anglais, d'enlever aux navires du commerce les matelots qu'il leur convenait de prendre à bord de ces navires partout où ils les rencontraient? Encore aujourd'hui (article 45 de *l'act on merchant seamen*, du 30 juillet 1835), un homme de l'équipage d'un navire du commerce, malgré l'engagement de rester au service de ce navire durant tout le voyage, peut le quitter, en toute circonstance, pour passer à bord d'un bâtiment de la marine royale, sans que cette rupture de son engagement soit susceptible d'être considé rée comme désertion. Que diraient nos capitaines, si quelque disposition de la législation française les exposait ainsi, *en cours de voyage*, au démembrement de leurs équipages?

Cependant, en Angleterre, malgré bien des sujets de plaintes, de doléances pour la navigation commerciale, tout va, tout continue d'aller, parce que dans ce pays on sait attendre, parce qu'il n'y existe point, comme chez nous, cet esprit de mécontentement, de dénigrement, qui s'attache exclusivement à mettre en évidence, pour en faire le sujet de déclamations continuelles, ce qu'il y a d'imparfait dans notre législation, dans nos institutions, sans tenir aucun compte de tout ce qu'elles offrent de bon. Les Anglais sont plus justes, à cet égard, que ne le sont nos propres armateurs et capitaines, et la preuve en est, indépendamment de leurs déclarations pleines de franchise, dans les emprunts que leur gouvernement fait, ou est disposé à faire, pour l'amélioration de sa marine commerciale comme de sa marine militaire, à beaucoup de parties de notre législation, dont la sagesse ne pouvait assurément recevoir une sanction plus éclatante.

Ceci me conduit à parler d'un sujet important qui est venu se rattacher d'une manière intime à l'objet principal de ma mission, et auquel j'ai donné une attention particulière.

Lors de mon arrivée à Londres, les chambres anglaises se trouvaient saisies de deux bills présentés par sir James

Graham (ancien premier lord de l'amirauté), l'un sur la police de la navigation marchande et l'enregistrement des marins du commerce, l'autre sur l'encouragement de l'enrôlement volontaire des marins et la régularisation de la *presse* pour l'équipement de la flotte.

L'action progressive de la *réforme*, qui, en Angleterre, a déjà fait sentir son heureuse influence dans tant de parties importantes de la législation et des usages de ce pays, ne pouvait manquer de s'étendre jusqu'à la *presse* des matelots (*impressment*), moyen violent légué par les temps de féodalité, qui jadis existait aussi en France, où il a été remplacé avec tant d'avantages, pour l'équipement de la flotte, par le système régulier de recrutement fondé sur la belle institution des *classes* (1).

C'est M. Buckingham, membre de la chambre des communes, qui, se rendant l'organe de la population maritime a porté les premiers coups à la presse des marins; et l'énergie des réclamations qu'il a fait entendre à cet égard, est devenue la cause déterminante de la présentation des bills introduits devant le parlement par sir James Graham.

Mes conférences, relativement à cet objet intéressant, avec M. Buckingham, avec son collègue M. le docteur

---

(1) Le premier établissement des classes remonte à 1665. L'essai s'en fit d'abord dans les provinces d'Aunis, de Poitou et de Saintonge. Peu à peu cette institution s'étendit, et elle fut régularisée dans son application générale à tous les ports du royaume, par l'ordonnance de 1689. Avant cette époque, les équipages des bâtiments de la marine royale se formaient difficilement, et, lorsqu'il y avait quelque armement considérable à faire, il fallait recourir à l'expédient de fermer les ports pour obtenir des marins, par le moyen de la *presse*, au grand préjudice des expéditions commerciales, qui se trouvaient tout à coup arrêtées.

Bowring, ainsi qu'avec M. le collecteur de la douane Boyd, et M. le procureur de l'amirauté Jones, me mettent à même de donner l'historique des principales circonstances qui se rapportent à l'introduction et à la marche des deux bills.

Je consignerai d'abord ci-après la version littérale d'une notice que je dois particulièrement à l'obligeance de MM. Buckingham et Boyd, en me réservant d'ajouter à cette notice les détails complémentaires que par ailleurs je me suis procurés.

ENREGISTREMENT ET PRESSE DES MARINS.

« Dans la session de 1833, le 18 du mois d'août, M. Buckingham soumit à la chambre des communes (après avertissement convenable) la résolution suivante, à savoir :

« Que la *presse forcée des marins* (*the forcible impressment of seamen*) pour la marine de Sa Majesté, était injuste, cruelle, inefficace et inutile, et que c'était un devoir pour la chambre de profiter de l'époque actuelle de paix profonde pour aviser à quelque moyen d'équiper les vaisseaux de Sa Majesté, en temps de guerre, sans violation des libertés d'une classe des sujets de Sa Majesté. »

Cette motion devint la matière d'un très-long débat, et fut combattue par sir James Graham (alors premier lord de l'amirauté) et par tous les membres du gouvernement de lord Grey. Une division s'ensuivit, dont le chiffre fut :

Pour la motion de M. Buckingham...   54

Contre......................   59

            Majorité contre.......   5

Comme il n'y avait pas moins de vingt membres du ca
binet qui votèrent contre la motion, cette faible majorité
fut considérée comme une défaite réelle, et elle établit la
certitude que la chambre des communes, si cette question
était reproduite devant elle, la résoudrait dans un sens
contraire au maintien de la *presse*.

En conséquence, au commencement de la session suivante (1834, 4 mars), M. Buckingham fit une seconde
motion portant :

«Qu'un comité spécial serait nommé pour examiner la
possibilité d'adopter quelque plan par lequel la marine de
Sa Majesté fût fournie d'hommes, en temps de guerre,
sans recourir à la pratique de la presse forcée.»

Sir James Graham (encore alors premier lord de l'amirauté) pria M. Buckingham de retirer sa proposition, attendu
que lui, sir James Graham, s'occupait de préparer un bill
qui produirait le résultat qu'avait en vue la motion de
M. Buckingham. Ce dernier demanda à sir James Graham
si le bill annoncé renfermait un plan par lequel la presse
se trouverait abolie; et sir James Graham s'étant refusé à
donner une explication satisfaisante sur ce point, M. Buckingham fit arriver sa motion à une division dont les résultats furent :

Pour la nomination du comité spécial. 130
Contre 212

Majorité contre 82

Il y eut beaucoup de membres qui, bien qu'opposés à
la presse, votèrent avec le gouvernement contre la motion,

dans la persuasion que le gouvernement avait l'intention de présenter un bill qui rendrait la presse inutile.

Peu de temps après, sir James Graham introduisit le bill annoncé (dont un exemplaire est ci-joint, 13 juin 1834); mais, en conséquence de plusieurs protestations adressées par les armateurs de Londres et des ports du littoral contre la *passation* (*against passing*) du bill, dans la forme primitive que son auteur lui avait donnée, beaucoup de changements y furent faits, et de longs retards s'ensuivirent, qui, en définitive, amenèrent l'abandon de la mesure vers la fin de la dernière session, avec convention que la même mesure serait représentée au commencement de la session suivante.

En conformité de ce qui avait été ainsi convenu, deux bills ont été présentés au parlement au commencement de la présente session (sous la date du 18 mars 1835) :

L'un,

Pour amender et réunir les lois relatives aux marins du commerce du royaume-uni, et pour former et entretenir un registre de tous les hommes employés dans ce service;

L'autre,

Pour l'encouragement de l'enrôlement volontaire des marins, et pour établir des règles en vue de pourvoir d'une manière plus efficace à l'équipement de la marine de Sa Majesté (1).

Quand je suis arrivé à Londres, au commencement de juin, ces deux bills (que j'appellerai désormais comme on les appelle ordinairement en Angleterre, *le bill sur l'enregistrement des marins du commerce, merchant seamen's registration*

---

(1) Voici, tel qu'il est dans le texte anglais, le titre de chacun de ces deux bills :

« 1° A bill to amend and consolidate the laws relating to the merchant

bill; et le bill sur l'enrôlement des marins, seamen's enlistment bill) étaient devant la chambre des communes, où ils ont subi des amendements notables, ainsi qu'on peut le voir par le rapprochement des divers exemplaires ci-joints. (Pour le bill sur l'enregistrement : exemplaires des 13 juin 1834, 18 mars, 18 mai et 25 juin 1835; pour le bill sur l'enrôlement : exemplaires des 18 mars, 24 juin et 14 juillet 1835.)

Peu de temps après, vers le milieu de juin, le bill sur l'enregistrement des marins, ayant été adopté à la chambre des communes, est arrivé à celle des lords, la chambre des communes continuant de s'occuper du bill sur l'enrôlement.

Les choses étaient dans cet état, lorsque j'ai eu l'honneur d'adresser à M. le conseiller d'État directeur du personnel mon premier rapport en date du 4 juillet, qui a été placé sous les yeux du ministre.

A cette époque (4 juillet, samedi), le bill sur l'enregistrement des marins ayant subi, à la chambre des lords, une seconde lecture, puis l'examen en comité (séance du vendredi soir, 3 juillet), on croyait qu'il passerait dans le cours de la semaine suivante, et recevrait définitivement la sanction royale. Mais il n'en a pas été ainsi, Deux amendements ont été introduits dans ce bill par la chambre des lords (voir la feuille imprimée du 17 juillet 1835); l'un de ces amendements ayant pour objet d'obliger les armateurs ou capitaines de tous les navires du commerce indistinctement

« seamen of the united kingdom, and for forming and maintaining a register « of all the men engaged in that service.

« 2° A bill for the encouragement of the voluntary enlistment of seamen, « and to make regulations for more effectually manning his Majesty's navy. »

expédiés pour une destination en dehors du Royaume-Uni, à y embarquer, dans l'intérêt de la santé et de la vie des équipages, un approvisionnement convenable de médicaments; l'autre amendement portant que les dispositions du bill en discussion ne recevraient leur application dans les colonies anglaises ayant une assemblée législative, qu'autant que cette assemblée y aurait donné son assentiment. Ces deux amendements (dont le premier est remarquable comme imposant une obligation analogue à celle qui existe en France, où elle excite si souvent les réclamations de nos armateurs), ces deux amendements, dis-je, ont fait revenir le bill à la chambre des communes, où, dans la séance du lundi 27 juillet, ils ont été adoptés avec un sous-amendement convenu entre les deux chambres, qui exempte absolument de l'application des dispositions du bill les navires enregistrés dans les colonies ayant une assemblée législative, et les hommes d'équipage de ces navires, tant qu'ils se trouveront dans le ressort desdites colonies. Finalement, un message de la chambre des communes a annoncé à la chambre des lords, le 28 juillet, la *passation* du bill; et, dans la séance de la chambre des lords du 30, la sanction royale a été donnée par commission au *merchant seamen's registration bill,* qui est ainsi devenu *act* ou loi du Royaume-Uni.

Je joins ici un exemplaire de cet *act.*

Quant à l'autre bill, dans sa teneur primitive, c'était en réalité un bill ayant pour objet, non-seulement d'encourager l'enrôlement volontaire des marins, mais encore de *légaliser la presse.* Aussi, dans cette forme (exemplaire du 18 mars 1835), et malgré plusieurs dispositions propres à améliorer

9

la condition des matelots *pressés*, il a été d'abord vivement attaqué par M. Buckingham, qui a déclaré à la chambre des communes qu'il s'opposerait au bill dans toutes ses parties, du moment que ce bill reconnaissait comme légale la pratique de la presse. Par suite de cette déclaration, le bill a été remis en dépôt au ministère, qui s'est emparé de la proposition de sir James Graham, et s'est occupé du soin de l'amender. Dans une conférence avec l'amirauté, M. Buckingham a développé ses objections aux clauses relatives à la presse, dont le retranchement, sollicité d'ailleurs par des réclamations émanées de divers ports, et notamment de Greenock, a été effectué. Ceci se passait peu de temps après mon arrivée à Londres. Le 8 juillet, sur la proposition de M. Wood, secrétaire de l'amirauté, la chambre des communes s'est formée en comité pour examiner de nouveau le bill ainsi amendé. Dans cette séance, M. Buckhingham a prononcé un discours dont il a bien voulu me communiquer le texte, et qui est remarquable comme expression de l'opinion des adversaires de la *presse*, rangés sous la bannière de cet honorable député. Je donne ci-après une version littérale du discours de M. Buckingham dans la forme où il m'a été communiqué :

SÉANCE DE LA CHAMBRE DES COMMUNES EN COMITÉ

(8 juillet 1835).

« M. Buckingham a dit qu'il n'occuperait la Chambre
« que d'un petit nombre d'observations, encore serait-ce
« principalement d'expressions de félicitations et d'éloges.
« Ceux des honorables membres qui connaissent l'intérêt

« profond qu'il avait pris à la question de l'équipement de
« la marine de Sa Majesté, sans recours à la presse, et les
« motions qu'il avait auparavant faites à la Chambre sur ce
« sujet dans les deux précédentes sessions; ceux-là le croi-
« raient parfaitement, quand il dirait qu'il avait suivi les pro-
« grès de ce bill avec une anxiété croissante. Lorsque le bill
« fut d'abord introduit dans cette chambre par le très-hono-
« rable baronnet, membre pour Cumberland, et dernière-
« ment premier lord de l'amirauté (sir James Graham), il
« contenait tant de matière à objections, qu'il estima de son
« devoir de déclarer sa détermination de s'y opposer. Dans
« sa forme primitive, c'était un bill prétendant offrir de nou-
« veaux encouragements à l'enrôlement volontaire, mais
« sous ce titre mettant réellement en action la *presse,* et
« donnant à cette pratique révoltante toute la sanction d'un
« droit légal, sanction qu'elle n'avait jamais eue, et qu'il
« espérait qu'elle ne posséderait jamais. Lors même que le
« bill eut passé des mains du très-honorable baronnet en
« celles du présent gouvernement, lui (M. Buckingham)
« avait cru de son devoir de déclarer que, à moins que le
« bill ne fût purgé de ces défauts, il se croirait encore obligé
« de lui faire une opposition décidée, soit qu'il fût présenté
« par le gouvernement ou par un individu isolé, parce qu'il
« ne consentirait jamais un seul instant à un acte tel qu'il
« donnât à la *presse* une reconnaissance législative, qu'il en
« fît une partie de la loi du pays. Depuis, toutefois, que le
« bill avait été dans les mains du gouvernement actuel, il
« était obligé de dire (et il avait grand plaisir à rendre ce
« témoignage) que le gouvernement avait montré le plus
« vif désir de satisfaire à ses propres vœux et à ceux d'autres

9.

« honorables membres qui avaient coopéré avec lui á main-
« tenir les justes droits des marins anglais. Dans cet esprit
« de concession libérale et généreuse, toutes cés parties du
« bill primitif qui tendaient à mettre en action la presse
« comme une force légale, et à lui donner la sanction de
« l'autorité parlementaire, furent retranchées à un tel point,
« que le bill ne contenait pas actuellement plus de la moi-
« tié des clauses dont il se composait d'abord ; et certainement
« ce bill était maintenant, ce qu'il n'avait jamais été aupara-
« vant , une loi d'encouragement, de libéralité, de protection
« et de persuasion , répondant à son préambule et à son titre,
« comme bill propre à favoriser l'enrôlement volontaire
« des matelots pour la marine de Sa Majesté, laquelle loi,
« il le croyait fermement, si elle était appliquée dans son
« esprit aussi bien que dans sa lettre, rendrait la presse to-
« talement inutile, dans quelque cas que ce fût, pour ob-
« tenir le nombre d'hommes requis. L'honorable gentle-
« man, secrétaire actuel de l'amirauté, avait jugé de son
« devoir de déclarer à la Chambre que, bien que le gou-
« vernement eût consenti à supprimer toutes les clauses qui
« autorisaient ou garantissaient la presse, lui-même (M. Wood)
« conservait encore l'opinion que la presse était un droit
« légal, dont la couronne était investie comme d'une préro-
« gative à employer seulement dans les cas de la plus grande
« urgence ; et que, quoiqu'il fût très-désireux de faire tout ce
« qui pourrait rendre inutile d'avoir jamais recours à ce
« moyen, cependant il n'était pas disposé à y renoncer, en
« cas d'un besoin pressant, jusqu'à ce que l'on eût trouvé
« quelque moyen efficace et éprouvé à y substituer. Si telles
« étaient les convictions de l'honorable gentleman, et lui

«(M. Buckingham) ne voyait pas de raison quelconque
«pour douter de leur sincérité, alors il devait être clair
«pour la Chambre que les concessions qu'il avait faites en
«supprimant toute partie du bill qui autorisait, garantissait
«ou reconnaissait la presse, étaient les plus valables et les
«plus dignes d'éloges. Dans le même esprit de franchise
«toutefois, lui (M. Buckingham) pensait devoir déclarer
«à la Chambre sa conviction inaltérable que la presse était
«aussi illégale que cruelle, et que son injustice n'était pas
«moins manifeste que son entière inefficacité à produire le
«résultat désiré. Comme toutefois le bill présenté à la
«Chambre ne contenait pas même le mot de *presse,* et ne
«faisait point d'allusion quelconque à sa pratique (quoique
«le précédent bill eût commencé par la déclaration qu'elle.
«était la loi du pays, et qu'elle était utile à l'honneur et à la
«prospérité de la nation, ce qu'il niait très-fortement), il
«croyait tout à fait inutile de soulever cette question pour
«la débattre dans le moment actuel. Il était disposé à se
«joindre au gouvernement, dans cet esprit loyal et conci-
«liant où il l'avait trouvé, et à laisser reposer la prérogative,
«quant à présent du moins, comme une lettre morte, afin
«de voir comment fonctionnerait le système de libéralité,
«de persuasion et de récompense, et afin de préparer la
«voie au système de parfaite immatriculation, de tirage
«ou service par tour de rôle, qui pouvait y être rattaché,
«pour y avoir recours lorsque l'enrôlement volontaire serait
«insuffisant; système à la considération duquel le gouver-
«nement s'était maintenant publiquement engagé à dévouer
«son attention durant les vacances. Il était convaincu véri-
«tablement que la presse ne pourrait plus être jamais em-

« ployée, soit à bord, soit à terre, sans entraîner la résis-
« tance des marins aussi bien que des habitants; et c'était
« pourquoi il accueillait, comme un avantage national, toute
« disposition faite dans la vue d'obtenir d'autres et de meil-
« leurs moyens d'équiper la flotte. Le bill soumis à la chambre
« était, dans sa ferme croyance, un essai sincère et honnête
« de pourvoir à de tels moyens. Il consentait donc parfaite-
« ment à en faire une épreuve loyale, et se croirait très-
« déraisonnable s'il ne s'en montrait pas satisfait. Mais, quoi-
« qu'il donnât à cette mesure de soulagement et de récom-
« pense pour les marins son approbation la plus cordiale et
« la plus entière, et qu'il se félicitât autant que personne
« de la voir convertie en loi, il se hasarderait en même
« temps, dans l'esprit le plus amical, à rappeler au goúver-
« nement l'importance de donner cours à ses intentions dé-
« clarées, en s'appliquant, pendant la prorogation, à l'étude
« du système d'immatriculation et de tirage, afin que la
« période actuelle de paix pût être avantageusement em-
« ployée à préparer un système qui nous rendît prêts pour
« la guerre, si cette calamité se reproduisait, et pour que
« l'on n'entendît jamais plus parler de la *presse*, excepté dans
« les souvenirs de l'histoire. » (Acclamations.)

Dans la même séance du 8 juillet, où le discours qui
précède a été prononcé, un autre membre de la chambre
des communes, M. le capitaine Alsager, pour prouver combien la *presse*, qu'il regrettait de ne pas voir expressément
abolie, s'exerçait avec le plus rigoureux arbitraire, a cité
un fait remarquable qui lui est personnel : commandant un
navire du commerce qui, après un long voyage, regagnait

le port d'armement, il était arrivé à l'entrée de la Manche,
lorsqu'il rencontra un bâtiment de guerre qui lui prit quatre
hommes de son équipage; un peu plus loin, un autre vaisseau lui en enleva encore quatre; puis un troisième bâtiment de guerre l'obligea à lui donner tous ceux des hommes
restants de son équipage qui étaient propres au service de
la marine royale : de sorte que, finalement, il fut laissé avec
un petit nombre d'hommes et quelques enfants pour rame-
ner au port un navire dont la cargaison était d'une valeur
de 150,000 liv. st.!

Cependant, malgré les retranchements opérés dans le bill
en question, il s'y trouvait encore un article (le cinquième;—
exemplaire du 24 juin 1835) qui contenait une allusion au
droit de la couronne pour l'exercice de la *presse*. La sus-
ceptibilité de la chambre à l'égard de tout ce qui pouvait
impliquer la consécration légale d'un pareil droit, n'a pas
permis de conserver cet article, qui a été supprimé. Ainsi,
dépouillé de ce qui offrait la moindre mention de la *presse*,
ce bill, devenu par là (suivant les expressions de M. Buckingham) *acceptable pour tous les marins et hautement populaire*,
a été adopté vers le milieu de juillet par la chambre des
communes. Parvenu à la chambre des lords, il y avait subi,
dès le 20 juillet, une seconde lecture. Le 24, sur la motion de lord Auckland, premier lord de l'amirauté, le rapport du bill a été fait en comité. Le 27 juillet, a eu lieu
la troisième lecture, et le bill a passé avec un amendement
peu important, qui l'a fait retourner à la chambres des communes, où l'amendement a été accueilli. Quand j'ai quitté
Londres, le 13 août, le bill ainsi amendé était au moment
de recevoir la sanction royale, et je suis parti avec la pro-

messe qu'un exemplaire de l'*act* devant résulter de cette sanction me serait envoyé (1).

Tous les détails qui précèdent m'ont paru, par l'intérêt qui s'y rattache, mériter d'être fidèlement retracés.

Le ministre jugera, sans doute, utile de faire traduire les diverses éditions des deux bills auxquels ces détails se rapportent, ainsi que les *acts* contenant les dispositions définitivement adoptées et revêtues du caractère de loi.

L'*act on merchant seamen* se compose de 55 articles. Il règle divers points de police de navigation, touchant les devoirs des armateurs, capitaines et matelots, et l'on y trouve beaucoup de traits de ressemblance avec notre législation sur la matière. Mais la disposition la plus importante qu'il contient est celle qui prescrit l'établissement à Londres d'un *general register office of merchant seamen*, c'est-à-dire d'un bureau d'enregistrement général des marins du commerce. Jusqu'à présent le gouvernement anglais n'a point su, d'une manière positive, combien il possédait de marins; encore moins a-t-il su les noms, l'âge, le grade, les mouvements de ces marins. Désormais il devra à la mesure de l'enregistrement ces utiles indications, qu'on trouve avec tant d'exactitude en France dans les matricules de la marine. A cet effet, l'*act* ordonne qu'à leur arrivée au port de destination dans le Royaume-Uni (s'il s'agit de bâtiments employés à la navigation du long cours), ou tous les six mois (s'il s'agit de bâtiments employés au cabotage), les capitaines remettent aux collecteurs ou contrôleurs de la

---

(1) L'exemplaire en question m'est parvenu depuis la remise de mon rapport; il est ci-joint. Cet *act* est sous la date du 21 août 1835.

douane des listes nominatives des hommes de leurs équipages. C'est par le relevé de ces listes, qui toutes doivent
être envoyées au bureau central d'enregistrement à Londres, que la matricule générale sera formée. Le soin de
dresser et de tenir au courant cette matricule a été confié
à un lieutenant de vaisseau de la marine royale (M. Brown),
qui, dès le 31 juillet dernier, a été commissionné en conséquence par l'amirauté, sous la qualification de *registrar*
(*enregistreur*), et l'amirauté lui a adjoint, en qualité d'*assistant registrar*, le fils de M. le receveur de la douane Boyd,
qui se trouvera ainsi amené à prendre part à cette importante opération. M. Boyd père, dans nos conférences, ne
s'est point dissimulé que le temps seul, et un temps bien
considérable, pourrait purger la matricule de toutes les
inexactitudes, de tous les doubles emplois qu'elle présentera nécessairement d'abord, et qui eussent été évités, ou
du moins rendus beaucop plus rares, si des *revues* des
hommes des équipages, au lieu de *listes remises par les capitaines*, avaient été, comme en France, la base, le point de
départ de l'immatriculation (1).

Douze articles composent le bill *on seamen's enlistment*.
Par suite du retranchement de tout ce qui se rapportait à
la *presse*, ce bill ne parle maintenant que des gratifications,
récompenses et encouragements à l'enrôlement volontaire.
Une disposition fort remarquable est celle qui limite à cinq

---

(1) *Note faite en mai 1840.*

Le chiffre total du personnel de l'inscription maritime, d'après la dernière
situation arrêtée en janvier, est de 110,458 hommes, savoir :

ans la durée du service dans l'armée navale, où jadis les marins pouvaient être retenus indéfiniment. Après l'accomplissement d'une telle période de cinq ans, les marins pourront désormais, sur la demande qu'ils en feront, obtenir leur congé; ils seront alors renvoyés dans leurs foyers, et, pendant deux années, ils seront à l'abri de tout nouveau service obligé dans la flotte. S'il arrivait que le commandant d'une escadre, dans une station étrangère, jugeât contraire au bien du service de congédier immédiatement le marin ayant complété ses cinq années, il pourrait le retenir six mois de plus; mais alors le marin, pendant cette prolongation d'emploi, recevrait un quart en sus de la solde attribuée à son grade, etc.

Il y a dans les deux bills dont je viens de tracer l'historique, et c'est d'un véritable intérêt pour la France, le germe

Capitaines au long cours........................	3,959
Maîtres au cabotage............................	6,074
Pilotes et aspirants-pilotes.....................	1,098
Officiers-mariniers (jusqu'à l'âge de 50 ans).. 4,499	
Matelots (de 18 à 50 ans)............... 51,423	55,922
Novices..	17,627
Mousses..	14,026
Ouvriers (charpentiers, calfats, perceurs, voiliers).....	9,760
Apprentis-ouvriers.............................	1,992
Total pareil..............	110,458

N. B. Sur les 55,922 ou (en nombre rond) 56,000 officiers-mariniers et matelots, il y en a 38 à 39,000 environ *éminemment* propres au service de la flotte. Quant aux 17,000 restants, on a tout lieu de penser que, sur ce nombre, il en est 9 à 10,000 qui, sans être pourvus de la même aptitude que les premiers, pourraient encore être utilement employés.

de notre inscription maritime. Dans les temps ordinaires, l'enrôlement volontaire, avec tous les avantages offerts en vue de l'exciter, suffira sans doute pour procurer à la marine royale britannique le personnel nécessaire à son service ; mais les ressources de l'enrôlement peuvent, dans telle ou telle circonstance, être au-dessous des besoins de la flotte, et d'avance il faut bien qu'on s'occupe des moyens de pourvoir à cette insuffisance éventuelle sans recourir à la *presse*. Or, on a vu que le gouvernement britannique a été mis en demeure de rechercher et de préparer, dans l'intervalle de la session actuelle à la suivante, le système qui serait le plus propre à atteindre ce but. On peut s'en rapporter au zèle de M. Buckingham pour que cet objet ne soit point négligé, et l'on doit croire qu'il ne le sera pas, après la déclaration faite à l'amirauté par M. Buckingham que le gouvernement, s'il tentait jamais, par la suite, d'employer la *presse* comme moyen d'équipement de la flotte, devait s'attendre à une vive résistance de la part des marins, que viendraient seconder les efforts d'associations nombreuses. Au reste, M. Buckingham, à défaut d'une proposition émanée du gouvernement, est bien décidé à en présenter une lui-même. Sa pensée serait de diviser les habitants du littoral en trois catégories : la première comprendrait les marins proprement dits ; la seconde, les individus tels que les bateliers, ouvriers des ports, ouvriers des chantiers, qui exercent une profession maritime ; la troisième, les marchands et fabricants d'objets destinés à la marine. En cas d'insuffisance des ressources de l'enrôlement volontaire, un *ballot* (tirage au sort), comme pour la milice, aurait lieu dans la première catégorie, puis au besoin dans la seconde, et finalement dans la dernière, dont les hommes pourraient se faire remplacer. Dans mes entretiens sur, cet objet avec M. Buckingham, de même qu'avec M. le procureur de l'amirauté et M. le collecteur de la douane, j'ai expliqué notre système des classes et notre mode d'appel des marins au service de l'État. L'Angleterre y arrive ; l'immatriculation des marins prescrite par le *merchant seamen bill*, et la suppression de toute mention de la *presse* dans le *seamen enlistment bill*, sont les premiers pas faits vers ce moyen régulier d'équiper la flotte, ou vers tout autre qui s'en approchera; et peut-être le plus grand obstacle à l'adoption, par l'Angleterre, de notre système complet d'inscription maritime, est dans l'absence d'une administration comme notre administration de la marine, dont les rouages, pour l'objet des classes, sont si bien organisés. Le gouvernement français suivra sans doute avec intérêt les progrès de la marche du gouvernement britannique dans la voie nouvelle où il est entré pour asseoir le recrutement du personnel de sa marine militaire sur une autre base que la *presse*, qui, malgré la réprobation générale dont elle est l'objet, pourra bien n'être pas formellement abolie, mais dont l'application ne saurait avoir lieu désormais que dans un cas de nécessité extrême.

Je termine ici le compte que j'avais à rendre de la mission confiée à mon zèle par M. l'amiral Duperré. Le temps (1), et non la volonté, m'a manqué pour rendre plus fructueuses

---

(1) Il m'aurait fallu au moins quatre à cinq mois pour remplir convenablement l'importante mission dont j'étais chargé; et je n'ai passé que deux mois et demi en Angleterre!

les investigations auxquelles je me suis livré. Les renseignements consignés dans ce rapport, sur les questions de législation pénale, comme sur les autres points dont j'ai été amené à m'occuper, ont du moins, je puis le dire, le mérite de l'exactitude, dû à des recherches consciencieuses, mais bien pénibles, au milieu des difficultés que j'avais à surmonter. Je m'estimerai heureux si le ministre témoigne quelque satisfaction de mes efforts et de leurs résultats.

Le Chef du bureau de la police de la navigation
et des pêches maritimes,

MAREC.

« J'ai lu ce rapport avec beaucoup d'intérêt; il est le résultat de recherches pénibles et consciencieuses; mais, malgré tous les soins et le zèle de son auteur, peut-être n'en retirerons-nous pas tous les avantages que nous en espérions (1). Il aura du moins éclairci et mis en vérité des faits que, dans notre marine marchande, on conteste sans cesse; ce sera un grand mérite, et je ne puis trop féliciter et remercier M. Marec de ses utiles travaux. »

Paris, 4 septembre 1835.

A^{al} DUPERRÉ.

Pour copie conforme :

Paris, mai 1840.

Le Maître des requêtes, Sous-Directeur du personnel,

MAREC.

---

(1) Le rapport prouve, en effet, que nous n'avons rien ou du moins que nous n'avons que fort peu de chose à emprunter à l'Angleterre pour l'amélioration de notre législation pénale relativement à la marine marchande.

ANNEXES

AU RAPPORT DE M. MAREC

SUR SA MISSION EN ANGLETERRE.

———◦◦———

DOCUMENTS N° 1, 2 ET 3,

Contenant la relation d'actes de mutinerie à bord des navires anglais Lady Amherst, le Conway, le Corsaire, l'Océan et le Manly (*traduction littérale*).

————

N° 1.

Extrait d'une lettre adressée à MM. C. H. et G. Enderby, à Londres.

Wahao, îles Sandwich, 13 novembre 1834.

Je n'avais éu aucune nouvelle de vos bâtiments avant l'arrivée ici du *Lady Amherst*, capitaine William Barnet, qui a pris 1,000 barils d'huile. Il en aurait encore pris davantage sans la révolte d'une partie de son équipage. A la demande du capitaine, j'ai usé de mon influence sur le roi pour faire enlever du bord les meneurs et les faire appliquer à de durs travaux jusqu'à l'arrivée d'un bâtiment de guerre. Le capitaine Barnet a déclaré que sa vie lui paraîtrait en danger si ces forcenés étaient renvoyés à bord, et il trouvera à les remplacer ici.

Le Conway, capitaine Renneek, a été hélé le 28 juillet par un baleinier américain, *le Mentor*, capitaine S. P. Rise. L'équipage était en révolte ouverte et ne permettait pas au capitaine de mettre un canot à la mer (*lower a boat*); et quand, à sa demande, l'américain l'eut accosté, tout l'équipage était rangé en bataille sur le gaillard d'arrière, armé de lances et défiant son capitaine. On lui permit cependant de se rendre sur le bâtiment américain, d'où il écrivit une lettre à ses armateurs (lettre qui n'a pas été reçue par MM. E.), leur annonçant qu'il ne lui avait pas été possible de leur écrire à son propre bord; qu'on lui conseillait de se rendre à Sydney, de traduire les mutins en justice; qu'enfin il était disposé à suivre ce conseil si l'équipage le lui permettait, et malgré le sacrifice probable de toute une saison de pêche.

Il est fort à regretter qu'il n'y ait pas ici un tribunal devant lequel de pareils crimes puissent être jugés et punis. Le consul déclare qu'il n'a pas ce pouvoir, et, dans le fait, à moins de renoncer à la campagne et à l'espoir d'un heureux résultat, en allant à Sydney chercher justice, il n'y a ici aucune autorité à laquelle on puisse en appeler.

Si le gouvernement se rendait bien compte de l'importance de ce port, le seul ouvert aux baleiniers dans ces mers; s'il considérait encore que l'insubordination des équipages vient de ce qu'ils s'enhardissent par la certitude de l'impunité, il s'empresserait d'accréditer ici un résident (*resident*) spécialement chargé de surveiller ces forcenés et de les livrer à un bâtiment de guerre qui resterait dans le port à l'époque où les baleiniers s'y trouvent, c'est-à-dire en novembre, décembre et janvier.

Si ces mesures ne sont pas prises, il faut s'attendre à voir l'important commerce de l'huile de baleine (*sperm-oil*) continuer à décliner et finir par passer en grande partie aux mains des Américains, dont les officiers sont investis de plus d'autorité que les nôtres pour la répression des délits.

Si le gouvernement ne se hâte d'arrêter cet esprit d'insubordination dont déjà, en plusieurs occasions, les officiers et masters ont été victimes, notre commerce sera ruiné, et je crains fort que les bâtiments ne finissent par être enlevés par leurs équipages révoltés. — Dix mutins ont été débarqués du *Corsaire*, capitaine Vénables; ils s'étaient complétement emparés du bâtiment, qui n'aurait pu continuer en sûreté son voyage s'ils fussent restés à bord. Ils en seront quittes pour quelques jours de prison, aucun tribunal compétent ne pouvant les juger ici.

N° 2.

Extrait du journal du capitaine SMITH, *de* l'Océan, *baleinier de Londres, aux mers du Sud.*

NOTA. — Cette relation est faite par un des officiers de l'Océan.

24 avril......

A sept heures après midi, quelques gens de l'équipage étaient à jouer du violon et à danser à l'arrière. Comme c'était un dimanche, et que le capitaine n'avait jamais permis qu'une telle chose eût lieu à pareil jour, il envoya les officiers pour s'y opposer; mais les gens refusèrent de leur obéir. Il leur ordonna alors lui-même de cesser; mais, sur leur refus, il se rendit en personne à la poupe, afin de les

10.

faire rentrer dans le devoir ; et il fut saisi par John Edwards, qui, l'empoignant par sa cravate, l'enleva et le rejeta en arrière. Le capitaine, en saisissant le violon, le brisa ; et les officiers venus à son secours furent violemment battus par John Edwards, William Mills et plusieurs autres hommes de l'équipage ; après de grands efforts, ils parvinrent à se dégager. Peu de temps après, l'homme de quart étant placé, le capitaine apprit qu'un petit baril de rack (qui, à Timor, avait été embarqué à son insu) était caché dans le coffre de John Edwards ; il l'en fit retirer et le fit déposer dans la chambre, puis il se coucha. Il était depuis peu de temps au lit, quand Robert Wardle et Alexander Wilson saisirent le *second*, qui était de quart sur le pont, pendant que John Edwards et William Mills descendirent dans la chambre et demandèrent la liqueur au capitaine, en lui disant que s'il ne voulait pas la leur rendre, ils s'empareraient du bâtiment. Sur son refus de la leur livrer, ils le retinrent dans sa chambre, jusqu'à ce que M. Brind (premier lieutenant) vînt à son secours ; alors, après de grands efforts, ils se rendirent sur le pont l'un et l'autre. Mais à peine y étaient-ils, que John Edwards, William Mills, Robert Wardle et Alexander Wilson les frappèrent avec brutalité et les blessèrent même grièvement. Ils dirent au capitaine qu'ils le forceraient de rester sur le pont toute la nuit, s'il ne leur remettait pas la liqueur. Après lui avoir arraché sa chemise et son bonnet, et l'avoir roué de coups (*bruised*), et après avoir mis MM. Fracy et Brind dans une situation semblable, ne laissant au premier qu'un vieux pantalon, et au deuxième qu'un lambeau de sa chemise, ils leur dirent qu'il était inutile d'essayer de leur résister, attendu que tout l'équipage était pour eux et qu'ils avaient la possibilité de prendre la liqueur par force. Dieu sait que je n'étais pas de leur côté; mais c'eût été folie à moi que de tenter de résister à trois ou quatre hommes; et j'avais été menacé dès le commencement. Force me fut donc de demeurer spectateur, assistant toutefois mon capitaine autant que possible. Enfin celui-ci, pour sauver ses jours et ceux de ses officiers, qui étaient fortement menacés, consentit à donner aux mutins deux pots dudit rack, moyennant quoi ils se retirèrent.

N° 3.

Révolte en mer. — Extrait du journal the Courrier *du 8 juin* 1835.

Une révolte des plus graves et des plus extraordinaires a eu lieu, dans le mois de novembre dernier, à bord du *Manly*, capitaine John Davies, se trouvant à la mer. Ce bâtiment avait fait voile de Londres avec un équipage de vingt-cinq hommes; mais, par suite de la révolte, il dut relâcher à Buenos-Ayres, d'où il est arrivé la semaine dernière dans le dock de Sainte-Catherine. Il paraît que la désunion s'était manifestée au sein de l'équipage, au commencement de novembre, quand les apprêts se firent contre les baleines. Le 19 au soir quelques hommes se portèrent sur l'arrière et demandèrent une forte distribution de *grog*. Comme le temps était mauvais, le capitaine leur donna un verre de plus que la ration. Le lendemain il les informa qu'il ne pourrait continuer à donner double ration de spiritueux avant qu'ils ne commençassent la pêche; mais qu'ils en re-

cevraient extraordinairement un verre pendant les nuits ora-
geuses et quand il faudrait pendre des ris aux huniers. Ils
parurent satisfaits ; mais le jour suivant ils refusèrent la distribution de spiritueux qui leur fut faite. Le maître d'hôtel
en informa le capitaine, et le prévint que le dessein avait
été formé entre les officiers et l'équipage de prendre le
commandement du bâtiment et de jeter le capitaine par-dessus le bord. Quelques heures après, White, le principal
officier, vint dans la cabine, et dit que la désaffection parmi
les hommes de l'équipage augmentait et qu'il ne savait
comment les contenir. Thomas Good-Fellou, le charpentier, prévint le capitaine que White était la cause princi-
pale de l'irritation. Le 21, à dix heures après minuit, le
maître d'hôtel informa le capitaine que quelque complot
se tramait sur l'avant et que l'équipage n'attendait que le
premier moment favorable pour s'emparer du bâtiment.
Le 23 les spiritueux furent encore refusés par l'équipage.
Le capitaine Dayies se prépara alors à une résistance déses-
pérée : il transporta secrètement six barils de poudre à canon pesant 100 livres chacun, et 1,500 paquets de car-
touches dans sa chambre du conseil ; puis il chargea deux
pistolets. A huit heures, White qui, à ce qu'il paraît, avait
délibéré avec l'équipage, entra dans la cabine. Le maître
d'hôtel, qui leur avait entendu dire qu'ils feraient un joli
bâtiment du *Manly,* avait rapporté ces mots au capitaine,
qui, à la vue de White, lui dit de regarder ses pistolets, et
qu'à la première tentative qui serait faite pour enlever le
bâtiment, il le ferait sauter avec tout le monde à bord.
White lui conseilla de ne pas être inconsidéré, et lui dit
qu'il resterait auprès de lui. Le dimanche 23, White dit à

l'équipage que le capitaine ferait sauter le bâtiment le lendemain s'il ne découvrait pas la terre, et qu'il eût mieux valu s'en assurer de suite. A minuit, W. Burwood monta sur le pont : on l'entendit dire qu'il aurait fallu se saisir du capitaine lorsqu'il était venu sur le pont à huit heures. A quatre heures après minuit, Burwood se montra tenant à la main un couteau ouvert, et il dit à l'homme qui était à la barre qu'il le passerait à travers le corps du capitaine s'il faisait la moindre résistance. Il fut alors résolu que White irait s'emparer du capitaine en bas, et qu'à un signal donné les premier et second lieutenants l'aideraient à le lier par les pieds et les poings et à le jeter par-dessus le bord.

Le capitaine, tenu au courant par le maître d'hôtel de tout ce qui se tramait, résolut de périr corps et biens plutôt que de se laisser enlever le bâtiment. Après avoir recommandé son âme à Dieu, il ferma l'écoutille et vit s'approcher les trois officiers dont l'un tenait une corde pour le lier. Il baissa aussitôt la bouche d'un des pistolets dans un baril de poudre, et, saisissant l'autre avec sa main droite, il se prépara à recevoir les révoltés. Le premier, White, descendit; mais il resta atterré quand le capitaine, dirigeant un pistolet sur lui, lui dit qu'il lui ferait sauter la cervelle s'il bougeait d'un pouce, et qu'il déchargerait l'autre pistolet dans la poudre. White parut pétrifié, et le capitaine resta dans cette position pendant plusieurs minutes, le pistolet armé, et pouvant à la moindre pression les faire tous sauter. White demanda grâce, et le capitaine le poussa avec le canon de son pistolet vers la chambre du conseil, où il l'enferma. Le premier lieutenant vint bientôt après pour voir ce qu'était devenu White; reçu de la même manière, il prit la fuite et heurta son complice

qui l'attendait avec la corde destinée à lier le capitaine. Celui-ci, voyant que le bâtiment faisait fausse route, monta
sur le pont avec le maître d'hôtel, tous deux bien armés, et
trouva une partie de l'équipage disposée au repentir. Il me-
naça de brûler la cervelle au premier qui lui désobéirait, et
défendit à l'équipage de franchir une limite qu'il lui traça.
Entendant que les hommes étaient encore disposés à s'emparer du bâtiment, il pensa qu'il valait mieux relâcher à
Buenos-Ayres. White avait été mis en liberté. Le capitaine,
le charpentier et le maître d'hôtel, bien armés, firent bonne
garde. Burwood, le premier lieutenant, confessa son crime
et parut accuser White d'être l'instigateur de la révolte. Le
7 décembre le bâtiment arriva dans la rivière de la Plata,
et jeta l'ancre près du bâtiment de S. M. *le North Star*, capitaine Vernon Harcourt, *commander*. Il résulte de l'enquête
que les mutins avaient eu l'intention de conduire le bâtiment à Tristan d'Acunha. Les dépositions furent reçues par
le consul britannique à Buenos-Ayres et le capitaine Harcourt. Les trois officiers, George White, William Burwood,
ainsi que John Breyman, patron canotier, et Henry Bert,
furent immédiatement mis aux arrêts à bord du *North Star*,
d'où ils sont prochainement attendus à la prison pour être
jugés pendant les sessions de l'amirauté. Les poursuites
contre les autres hommes ont été abandonnées, attendu les
frais considérables qu'eussent occasionnés leur translation et
leur jugement en Angleterre; mais le capitaine Harcourt a
détenu ces hommes jusqu'au départ du *Manly*. La conduite
du capitaine Davies, dans cette situation critique, a été jugée
au-dessus de tout éloge au Lloyd et dans la Cité. Le *Manly*
est un beau bâtiment et tout lui promettait un voyage fruc-

tueux. Il avait d'abord été un brick de 14 canons; il était
bien pourvu d'armes et de munitions. On suppose que c'est
parce qu'il pouvait parfaitement convenir à la piraterie, que
l'équipage s'est révolté pour s'en emparer.

---

*Acte pour amender et réunir les lois relatives aux marins du commerce
dans le Royaume-Uni, et pour l'établissement et la tenue d'un registre de
tous les marins engagés dans ce service.* (Traduction littérale.)

30 juillet 1835.

I. Attendu que la prospérité, la force et la sécurité de ce
Royaume-Uni et des possessions de S. M. reposent sur une
abondante, facile et constante provision de marins, tant
pour les armements du commerce que pour la défense desdits royaume et possessions; qu'il est dès lors nécessaire de
favoriser, par tous les moyens possibles, l'accroissement du
nombre des marins, et de leur offrir l'encouragement et la
protection auxquels ils ont droit, et, dans ce but, d'amender
et réunir les lois relatives à la manière de les régir et gou-
verner, il est arrêté, de par sa très-excellente majesté le
Roi, d'après l'avis et le consentement des lords spirituels et
temporels et des communes assemblés dans ce présent parlement, et par l'autorité des mêmes, qu'à partir du 31 juillet
1835, jour où commencera l'effet du présent acte, un acte
passé dans la deuxième année de feu la reine Anne, pour
l'accroissement du nombre des marins, l'encouragement
mieux entendu de la navigation et la sécurité du commerce
des charbons; et aussi un acte passé dans la deuxième année
du règne de feu sa majesté le roi Georges II, pour la meilleure

manière de régir les marins du commerce; et aussi un acte
passé dans la deuxième année du règne de feu sa majesté le
roi Georges III, pour rendre perpétuel le précédent acte et
en étendre les dispositions aux colonies de sa majesté en Amérique; et aussi un acte passé das la trente et unième année du
règne de sadite majesté le roi Georges III, pour le meilleur
mode de régir les marins employés au cabotage de ce
royaume; et aussi un acte passé dans la quarante-cinquième
année de sadite feue majesté, pour l'amendement du précédent acte; et aussi un acte passé dans la trente-septième année du règne de sa susdite majesté le roi Georges III, pour
prévenir la désertion des marins des navires faisant le commerce dans les établissements de sa majesté aux Indes-Occi-
dentales; et aussi un acte passé dans la cinquante-huitième
année du règne de sa susdite feue majesté le roi Georges III,
pour étendre et rendre plus efficaces les règlements pour le
secours des gens de mer sujets du Royaume-Uni se trouvant
à l'étranger; et aussi un acte passé dans la quatrième année
du règne de sa majesté régnante, pour la continuation d'un
acte de la cinquante-neuvième année du règne de sa majesté
le roi Georges III, facilitant le payement des gages des marins du commerce, sont et demeurent abrogés.

Toutefois, tous les délits commis avant l'époque fixée pour
l'effet du présent acte seront punis, et les peines encourues avant ladite époque infligées, d'après les susdits actes,
comme s'ils n'avaient point été abrogés.

Aucun marin ne sera amené à la mer sans avoir contracté un engagement écrit.

II. Il est de plus arrêté que nul capitaine d'un bâtiment
appartenant à un sujet britannique faisant le commerce
d'outre-mer, ou de tout bâtiment anglais enregistré et de 80

tonneaux ou plus, employé à l'une des pêcheries du Royaume-Uni, ou au commerce de cabotage où à tout autre, ne pourra amener à la mer, pour quelque voyage que ce soit, ni de ce royaume, ni d'aucun autre lieu, aucun marin ni autre personne comme faisant partie de son équipage (excepté les apprentis), avant d'avoir passé un engagement par écrit avec ledit marin, spécifiant quels gages mensuels ou autres doivent lui être payés, la qualité dans laquelle il doit servir et la nature du voyage auquel le navire est destiné, de manière que ledit marin puisse prévoir la durée probable de son engagement; et ledit engagement sera daté du jour où il aura été contracté; il sera signé d'abord par le capitaine, puis par les marins dans le port ou l'endroit de leur embarquement; le capitaine le fera lire fidèlement et distinctement par les parties qui devront y apposer leurs signatures, ou en leur présence avant qu'elles ne soient requises de le signer, afin qu'elles soient à même de comprendre l'objet et les conditions de l'engagement qu'elles contractent.

III. Il est de plus arrêté que, pour les navires destinés aux voyages d'outre-mer, excepté ceux désignés ci-après, l'engagement devra relater exactement les embarquements (*trie entries*) aux colonnes consacrées aux diverses personnes désignées dans la cédule A annexée au présent acte, autant qu'on pourra les obtenir; et que les armateurs et le capitaine dudit bâtiment, ou l'un deux, devront, à la nouvelle de son arrivée au port de destination dans le Royaume-Uni, déposer ou faire déposer, au bureau du collecteur ou du contrôleur des douanes dudit port, une copie authentique dudit engagement, certifiée par la signature du capitaine, afin que

Règles relatives à la forme des engagements.

toute personne intéressée à cet engagement puisse en tou temps en connaître les termes et les conditions, et que, pour les navires régulièrement employés à la pêche sur les côtes du Royaume-Uni, pour ceux trafiquant d'un point à un autre du Royaume-Uni, pour ceux trafiquant régulièrement avec l'une des îles de Jersey, Guernesey, Alderney, Sark et Man, ou avec quelque port que ce soit du continent européen, entre l'embouchure de l'Elbe inclusivement et Brest, l'engagement, qui devra être contracté comme il a été dit, sera dans la forme de la cédule annexée au présent acte sous la lettre B, et donnera la mention exacte des embarquements aux colonnes consacrées aux diverses personnes désignées dans ladite cédule, autant qu'on pourra les obtenir; et que l'armateur ou l'un des armateurs de chaque bâtiment, employé à la pêche ou au commerce dans n'importe lequel des cas mentionnés, devra, dans le délai de dix jours après l'expiration de chaque six mois finissant le 3o juin et le 31 décembre de chaque année, déposer, entre les mains du collecteur ou du contrôleur des douanes du port auquel appartient le bâtiment, une copie authentique, et certifiée par la signature de l'armateur, de tous les engagements qui auront été contractés avec quelque personne que ce soit faisant partie de l'équipage dudit navire, dans le délai des précédents six mois; et toutes les copies des engagements ainsi exigées par le présent acte, dont le dépôt est à faire comme il a été prescrit plus haut, devront être admises comme une preuve légale des conditions de l'engagement, quand elles auront été déposées et que la présentation en sera requise par n'importe quel marin.

IV. Il est de plus arrêté que si le capitaine dudit bâtiment amène à la mer un marin quelconque (les apprentis exceptés) avant d'avoir passé l'engagement ci-dessus requis, il devra, pour chaque infraction, être condamné à
payer la somme de 10 *pounds* (livres) pour chacun des marins qu'il aura embarqués contrairement aux dispositions
du présent acte; et tout capitaine qui négligera de faire lire
distinctement l'engagement à chaque marin, ainsi qu'il est
prescrit par le présent acte, sera passible, pour toute semblable omission, d'une amende de 5 pounds; et tout capitaine qui négligerait de déposer, chez le collecteur ou le
contrôleur des douanes, une copie de l'engagement qu'il est
prescrit par le présent acte de passer et déposer, ou qui
à dessein déposerait une fausse copie de ladite transaction,
sera condamné à payer une amende de 50 pounds pour
cette négligence ou ce délit.

Peine
pour infraction
aux dispositions
ci-dessus.

V. Il est de plus arrêté qu'aucun marin, en contractant
ou signant l'engagement ci-dessus mentionné, ne perdra son
action (*lien*) sur le bâtiment, ni ne sera privé d'aucun des
recours légaux qu'ont à présent les marins pour recouvrer
leurs gages, soit contre le bâtiment, soit contre le capitaine
ou les armateurs.

Les marins
ne sont pas privés
de leur recours légal
(*legal remedies*).

Aucun engagement incompatible avec les dispositions du
présent acte, ou aucune clause par laquelle un marin consentirait à renoncer (*forego*) au droit que lui donne la loi
maritime à des gages, dans le cas de fret acquis par des
bâtiments qui se perdraient par la suite, ou contenant des
expressions pouvant avoir cette signification, ne sera valide
ni obligatoire pour le marin qui l'aura signé.

Aucun engagement
incompatible
avec l'acte
ne sera valide.

Les marins
no sont pas tenus
de produire
leur engagement.

Dans le cas où il serait nécessaire que l'engagement fût produit pour soutenir une réclamation de la part du marin, celui-ci ne sera pas tenu de le produire; de même on ne pourra opposer à la réclamation d'aucun marin, tendant au recouvrement de ses gages, le défaut de production dudit engagement ou de quelqu'une des expéditions qui doivent être déposées comme il a été prescrit, ou le défaut d'ordre de les faire produire, et ce nonobstant tous usages et lois contraires aux présentes dispositions.

Les marins
qui refusent
de se rendre
à bord du navire,
ou de partir,
ou qui s'absentent,
peuvent être mis
à la geôle.

VI. Il est de plus arrêté que, dans le cas où des marins, n'importe dans quel temps, après qu'ils auront signé un engagement comme celui ci-dessus mentionné, négligeraient ou refuseraient de se rendre à bord du bâtiment sur lequel ils se seront engagés à servir, ou refuseraient de prendre la mer sur ledit bâtiment, ou s'en absenteraient sans permission, tout juge de paix, dans quelque possession que ce soit de sa majesté, soit dans le Royaume-Uni, soit outre-mer, résidant près de l'endroit où se trouverait ledit bâtiment, sur la plainte faite sous serment par le capitaine, le second ou l'armateur, devra (comme il en est requis par ces présentes) faire appréhender et conduire devant lui ledit marin; et dans le cas qui peut arriver où ledit marin ne donnerait pas une raison à la satisfaction du juge, pour sa négligence, son refus ou son absence, ledit juge aura le droit d'envoyer ledit marin dans la maison de correction, où il sera enfermé et contraint à un travail pénible pendant un temps qui ne pourra dépasser trente jours.

Si cependant ledit marin, traduit devant ledit juge, consent à rejoindre le bâtiment et à faire la campagne pour laquelle il s'est engagé, ledit juge pourra, à la requête du capitaine, au lieu d'emprisonner ledit marin, le faire, conduire à bord dudit bâtiment ou le livrer au capitaine pour qu'il fasse le voyage; il pourra de plus allouer au capitaine les frais occasionnés par l'appréhension du marin et qui paraîtront raisonnables audit juge, mais qui, dans aucun cas, ne pourront excéder 40 schellings, lesquels seront à la charge dudit marin, et pourront être retenus sur les gages qu'il aura acquis plus tard.

VII. Il est de plus arrêté que tout marin qui, après avoir signé l'engagement ci-dessus mentionné, ou après que le bâtiment à bord duquel il se sera engagé à servir aura quitté son premier port d'armement, et avant que le temps pour lequel il se sera engagé à servir soit accompli, s'absentera du bâtiment volontairement et sans permission, ou aura manqué à quelque autre partie de ses obligations, perdra ses gages (dans tous les cas qui ne présenteront pas le caractère absolu de la désertion, ou qui ne seront pas jugés tels par le capitaine) au profit du capitaine ou de l'armateur dudit bâtiment, à raison de deux jours de paye pour chaque vingt-quatre heures d'absence, et dans cette proportion pour toute période de temps moindre, ou au choix dudit capitaine il payera le montant des dépenses qui auront été nécessairement occasionnées en louant quelqu'un pour le remplacer dans son travail; et, dans le cas où ledit marin, pendant le temps qu'il appartiendrait au navire, négligerait sans motif suffisant de remplir son devoir, comme pourrait raisonnablement l'exiger le capitaine ou toute autre personne ayant le commandement du bâtiment, il sera

Peine contre l'absence temporaire.

passible d'une égale amende pour chaque délit de cette nature, et par chaque vingt-quatre heures de prolongation du
délit; et, dans le cas où ledit marin, après avoir signé l'engagement dont il s'agit, ou après l'arrivée du navire dans le
port de déchargement, et avant que la cargaison ne soit déchargée, quitterait le bâtiment sans une permission du capitaine, il perdra un mois de gages au profit du capitaine ou
de l'armateur; toutefois ces peines ne seront encourues
qu'autant que le fait de l'absence temporaire du marin, de
sa négligence ou de sa désertion du bord, sera dûment enregistré et constaté sur le livre de loch du navire, lequel
enregistrement spécifiera le jour et l'heure de l'absence, et
le temps pendant lequel le marin aura été absent ou aura
manqué à son devoir.

Dans tous les cas de contestation, l'armateur ou le capitaine seront tenus de faire garantir la sincérité des faits
consignés au livre de loch, par la déposition du second ou
de tout autre témoin digne de confiance.

Comment le montant
des amendes
doit être fixé,
quand les marins
s'engagent
au voyage.

VIII. Il est de plus arrêté que, dans tous les cas où le
marin se sera engagé pour le voyage ou la traversée, et non
au mois ou toute autre période de temps, le montant des
condamnations qui pourront être encourues par les marins
sera établi, d'après le présent acte, comme il suit, savoir :

Si tout le temps employé au voyage convenu doit excéder un mois du calendrier, l'amende d'un mois de paye, établie par le présent acte, sera prise et comptée pour une
somme d'argent qui serait au total des gages à acquérir,
comme le mois du calendrier est à la durée totale du
voyage. Et de la même manière, l'amende de deux jours de

paye sera prise et comptée pour une amende d'une somme qui serait avec le total des gages à gagner dans le même rapport que ce laps de temps avec la durée entière du voyage. Et si la durée du voyage n'excède pas un mois du calendrier, l'amende *d'un mois de paye* sera prise et comptée pour l'amende de tous les gages stipulés; et si cette durée n'excède pas deux jours, l'amende de *deux jours de paye* sera prise et comptée pour l'amende de tous les gages stipulés; et le capitaine est ici autorisé à déduire des gages de tout marin qui aura encouru les amendes ci-dessus établies, le montant desdites amendes.

IX. Il est de plus arrêté que tout marin qui aura complétement déserté le bâtiment auquel il appartenait perdra, au profit de l'armateur ou du capitaine, tout son linge et tous ses effets laissés à bord, ainsi que tous les gages et émoluments auxquels il pouvait avoir droit d'autre manière, pourvu que les circonstances de cette désertion soient mentionnées sur le livre de loch au moment même, et certifiées par la signature du capitaine, du second ou d'un autre témoin digne de confiance; et une absence d'un marin de son bord, sans la permission du capitaine, pour quelque laps de temps que ce soit, pendant les vingt-quatre heures qui précèdent immédiatement l'appareillage du bâtiment, ou pour quelque peu de temps que ce soit dans des circonstances qui prouveraient qu'évidemment son intention était de ne pas rallier le bord, sera jugée comme une désertion absolue; et dans le cas où cette désertion aurait lieu au delà des mers, et que le capitaine du bâtiment serait dans la nécessité d'engager un marin à la place du dé-

Peines contre la désertion.

—

L'augmentation des gages payés au remplaçant dans le cas de désertion, est supportée par le déserteur.

serteur à des gages plus élevés que ceux stipulés dans l'engagement passé avec le déserteur, l'armateur ou le capitaine du bâtiment sera autorisé à suivre, par une action sommaire et par les mêmes moyens prescrits par le présent acte pour le recouvrement des gages, le remboursement de la différence desdits gages que ledit armateur ou capitaine aura payés audit remplaçant en plus de ce qui aurait été à payer au déserteur, dans le cas où il aurait continué son service comme il le devait d'après son engagement.

Peine contre le recel de déserteurs.

Aucune dette excédant 5 shellings ne peut être réclamée à un marin avant qu'il n'ait effectué son voyage.

Les effets des marins ne pourront être retenus par les loueurs de logement sous prétexe de dettes.

X. Il est de plus arrêté que toute personne qui, à bord ou à terre, aura reçu ou caché un marin ayant signé un engagement pour faire un voyage au delà des mers, lequel aura déserté ou quitté le bord sans permission, ladite personne sachant ou ayant lieu de croire que ledit marin est un déserteur ou s'est absenté sans permission, sera passible d'une amende de 10 livres sterling pour chaque marin ainsi reçu ou caché; et qu'aucune dette excédant en tout 5 shellings, contractée par tout marin après qu'il aura signé un engagement semblable à celui ci-dessus mentionné, ne pourra être réclamée avant que le voyage pour lequel il se sera engagé n'ait été effectué; et qu'il ne sera permis à aucun logeur de marins de retenir aucun coffre, lit ou objets de literie, outils, habits ou autres effets d'aucun matelot pour aucune dette qu'il prétendrait avoir été contractée par ledit marin; et dans le cas où lesdits coffre, lit, objets de literie, outils ou autres effets ci-dessus mentionnés seraient retenus contrairement au présent acte, tout juge de paix, dans quelque possession que ce soit de sa majesté, sur la plainte formée sous serment par ledit marin ou en son nom, devra

(161)

s'enquérir des faits, et, s'il le juge équitable, il fera saisir et rendre audit marin, par un arrêt signé de sa main et revêtu de son sceau, lesdits biens et effets retenus contrairement au présent acte.

XI. Il est de plus arrêté que le capitaine ou l'armateur de tout bâtiment sera tenu de payer (comme il en est requis par ledit acte), à tout marin souscrivant l'engagement ci-dessus mentionné, ses gages, s'ils sont réclamés dans les délais suivants, savoir : si le bâtiment est employé au cabotage, les gages seront payés deux jours après la fin de l'engagement, ou au moment où ledit marin sera congédié, quoi qu'il puisse arriver; et si le bâtiment est employé à un autre commerce que le cabotage, les gages devront être payés, au plus tard, dans le délai de trois jours après que le chargement aura été débarqué, ou dix jours après le congédiement des marins, quoi qu'il puisse arriver; dans l'un ou l'autre de ces deux cas où le payement aurait été différé, le marin pourra, au moment de son congédiement, recevoir en à-compte une somme égale à un quart de la somme présumée lui être due; et, dans le cas où un capitaine ou armateur négligera ou refusera de faire le payement de la manière indiquée, il devra être condamné, pour chaque semblable négligence ou refus, à perdre et à payer au marin le montant de deux jours de paye pour chacun des jours (mais l'amende ne pourra pas être infligée pour plus de dix jours) pendant lesquels le payement aura, sans cause suffisante, été différé au delà du terme auquel lesdits gages ou les gages à la part (*part wages*) devront être payés en vertu du présent acte. Le marin pourra exercer pour le payement

Temps dans lequel les gages devront être payés.

11

de cette amende le même recours que pour le recouvrement de ses gages : toutefois cette clause ne peut s'appliquer en aucune façon aux bâtiments employés dans les mers du Sud à la pêche de la baleine, ni aux voyages pour lesquels les marins, conformément aux termes de leur engagement, sont rétribués au moyen de part dans les profits de l'entreprise.

De semblables payements de gages sont jugés valides nonobstant tout acte de vente.

XII. Il est de plus arrêté que tout semblable payement de gages fait à un marin sera valide et légal, nonobstant tout acte de vente ou de délégation qui pourra avoir été fait desdits gages par ledit marin, ou de toute saisie ou opposition dont ils seraient frappés pour dettes; et qu'aucune délégation ou vente de gages faite avant qu'ils n'aient été acquis, ou aucune procuration stipulée irrévocable pour recevoir lesdits gages, ne sera valide ou obligatoire pour la partie qui l'aura souscrite.

Les capitaines devront délivrer aux marins des certificats au moment de leur congédiement.

Amende pour faute de remise du certificat.

XIII. Il est de plus arrêté qu'au congédiement d'un marin du bâtiment sur lequel il aura servi, il sera en droit de recevoir du capitaine un certificat de ses services et du congé à lui donné, spécifiant le temps de service, le temps et le lieu de son congé, lequel certificat sera signé par le capitaine; et que si un capitaine refuse ledit certificat sans motif raisonnable, il sera tenu de payer la somme de 5 livres sterling à chaque matelot auquel il aura causé ce préjudice.

Pour obtenir l'immédiat payement des gages des marins dans certains cas.

XIV. Il est de plus arrêté que si un marin, après avoir été congédié de quelque navire que ce soit depuis trois jours, désire reprendre la mer pour faire un autre voyage sur un autre bâtiment, il pourra dès lors réclamer le payement immédiat des gages qui lui sont dus. Et tout juge de paix, dans quelque partie que ce soit des possessions de Sa Majesté, pourra, à la demande dudit marin, et après avoir acquis une preuve suffisante que tout retard lui ferait perdre l'occasion d'un nouvel embarquement, traduire devant lui le capitaine ou l'armateur dudit bâtiment, et s'informer pourquoi le payement immédiat desdits gages ne peut pas être fait sur-le-champ ; et, s'il paraît suffisamment prouvé audit juge qu'il n'y a pas de motif raisonnable pour retarder ce payement, il pourra ordonner qu'il soit effectué sur-le-champ ; et, à défaut par lui de déférer à ces ordre, le capitaine ou l'armateur sera condamné à payer une somme de 5 liv. sterling.

XV. Et, attendu que les marins, en cas de contestation, peuvent être exposés à de grands embarras et à un délai dans le payement de leurs gages, pour obvier à cet inconvénient, il est arrêté par ces présentes que, pour les gages n'excédant pas 20 liv. sterling, qui seraient dus et payables à un marin pour son service sur un bâtiment, tout juge de paix, dans quelque partie que ce soit des possessions de sa majesté, résidant près de l'endroit où le bâtiment aura terminé son voyage ou fait sa déclaration à la douane, ou déchargé sa cargaison, ou enfin près du lieu de la résidence du capitaine ou de l'armateur contre lequel aura respectivement été faite la réclamation, ce juge de paix, sur la plainte sous serment à lui adressée par tout marin ou en son nom, pourra sommer ledit capitaine de comparaître

Dispositions sommaires relativement au recouvrement des gages n'excédant pas 20 livres sterling.

11.

devant lui pour avoir à répondre à ladite plainte, et, sur la
comparution dudit capitaine ou dudit armateur, ou à défaut de comparaître , sur la preuve qu'ils ont été assignés,
ledit juge de paix est, par ces présentes, autorisé à examiner
sous le serment des parties et de leurs témoins respectifs
(s'il y en a) ce qui touche à la plainte et au montant des
gages dus, et à donner tel ordre de payement qui paraîtra
raisonnable et juste, audit juge; et que dans le cas où cet ordre
ne serait pas exécuté dans le délai de deux jours après qu'il
aura été donné, ledit juge de paix pourra, pour arriver à
l'exécution de son ordre, faire payer le montant des gages
reconnus être dus, au moyen de la saisie et de la vente
des marchandises et effets de la partie contre laquelle ledit
ordre de payement sera rendu, en lui restituant le surplus
(s'il y a reste sur le produit de la vente), déduction faite de
tous les frais et dépenses encourus par le marin pendant le
temps de sa plainte , ainsi que des frais de saisie, payement
et exécution de l'ordre du juge; et, dans le cas où le produit de la vente se trouverait insuffisant, ledit juge pourra
ordonner que le montant desdits gages et desdites dépenses soit prélevé sur la valeur du bâtiment pour le service duquel les gages sont réclamés, ou sur les agrès et ap-
paraux dudit bâtiment; et si ledit bâtiment ne se trouve pas
dans la juridiction dudit juge, il sera autorisé à faire appréhender la partie contre laquelle l'ordre de payement
sera rendu , et à la faire mettre dans la prison du comté ,
où elle devra demeurer, sans pouvoir donner caution, jusqu'au payement du montant des gages reconnus dus, ainsi
que de tous les frais et dépens relatifs à leur recouvrement; et lesdites sentence et décision dudit juge seront dé-

finitives et sans appel, tant pour ledit marin que pour l'armateur et le capitaine du bâtiment.

Cas où les dépens d'une action en recouvrement de gages ne seront point accordés.

XVI. Il est de plus arrêté que, dans toute action intentée pour recouvrement de gages de marins contre un bâtiment, ou le capitaine ou l'armateur dudit bâtiment, soit devant la haute cour d'amirauté ou devant toute cour de vice-amirauté, ou contre le capitaine ou l'armateur devant tout greffe de cour dans les possessions de sa majesté, lorsqu'il paraîtra au juge, dans le cours du procès, que le plaignant aurait pu exercer, pour le recouvrement de ses gages, un recours aussi efficace devant la justice de paix, ainsi qu'il a été ci-dessus réglé, alors et dans tous les cas semblables, ledit juge devra (comme il est tenu de le faire par ces présentes), certifier la chose, et alors aucuns frais ni dépens ne seront alloués au plaignant.

Le bâtiment étant rendu dans un port étranger, l'équipage doit être rapatrié aux frais du capitaine ou des armateurs.

XVII. Il est de plus arrêté que, quand un bâtiment appartenant à un sujet du Royaume-Uni (les cas de naufrage et de condamnation exceptés) sera vendu dans quelque port que ce soit hors des possessions de sa majesté, le capitaine est tenu en pareil cas par ces présentes (à moins que l'équipage ne déclare par écrit, en la présence du consul ou vice-consul anglais ou, à leur défaut, en présence d'un ou de plusieurs négociants établis dans ledit port, qu'il consent à être débarqué sur le lieu même), non-seulement de payer les gages auxquels ledit équipage aurait droit en vertu de son engagement, mais encore il sera tenu de procurer à ses hommes un embarquement équivalent sur quelque autre bâtiment anglais, retournant en Angleterre, ou de leur fournir les moyens de regagner, soit le port des possessions de sa majesté où ils auront été primitivement embarqués, soit tel port du Royaume-Uni qui sera convenu, en leur assurant un passage pour leur rapatriement, ou en versant aux mains du consul ou du vice-consul la somme d'argent que ceux-ci jugeraient suffisante pour défrayer les dépenses de nourriture et de passage; et si le capitaine refuse ou néglige d'en agir ainsi, lesdites dépenses, quand elles auront été payées, seront à la charge de l'armateur dont le bâtiment aura été ainsi vendu, excepté dans les cas de baraterie, de naufrage ou de condamnation, et pourront être recouvrées contre ledit armateur comme ayant été faites et payées pour son compte. Il en sera de même pour tous les frais qui seront réclamés par le consul ou la personne qui aura pourvu à ces dépenses, ou par le procureur général de sa majesté, au nom de sa majesté, dans le cas où lesdites dépenses auront été allouées au consul sur les deniers de l'État.

Un approvisionnement de médicaments doit être fait à bord, et les marins blessés au service du bâtiment doivent être soignés gratis.

XVIII. Et, considérant qu'un approvisionnement convenable de médicaments doit être fait pour la conservation de la vie et de la santé des marins employés au commerce, il est de plus arrêté que tout bâtiment, faisant voile du Royaume-Uni pour quelque point que ce soit hors du Royaume-Uni, aura et entretiendra constamment à bord un approvisionnement de médicaments approprié aux divers accidents et maladies qui résultent des voyages sur mer, lequel approvisionnement sera renouvelé de temps à autre, et comme il sera jugé nécessaire; et si cet approvisionnement de médicaments n'était pas ainsi fait et renouvelé, le cas arrivant où un marin aurait reçu quelque blessure ou éprouvé une maladie quelconque au service du bâtiment, la dépense en consultations de médecins et chirurgiens, les frais de garde et de médicaments dont aura eu besoin le marin jusqu'à sa guérison, ou jusqu'à ce qu'il ait été transporté dans quelque port du Royaume-Uni, seront à la charge du capitaine ou armateur du bâtiment, et payés par eux, sans que pour cette cause il puisse par eux être rien retenu sur les gages du marin.

XIX. Et attendu qu'il est avantageux qu'un registre soit dressé et tenu de tous les marins et gens de mer du Royaume-Uni, il est arrêté que, le plus tôt possible après la promulgation du présent acte, il sera établi dans le port de Londres un bureau sous le nom de *Bureau général de l'enregistrement des marins*, qui se composera d'un enregistreur, d'aides et de commis, avec tels traitements et salaires qui seront fixés et réglés de temps en temps par le lord haut amiral ou des commissaires exerçant dans le moment les fonctions dudit lord, et que ledit bureau sera établi à la douane dudit port et ouvert journellement aux heures et pendant tout le temps du travail des bureaux de la douane, et que ledit enregistreur, ses aides et commis seront sous le contrôle et sous les ordres dudit lord haut amiral ou des commissaires exerçant pour le moment les fonctions dudit lord.

Établissement d'un bureau d'enregistrement des marins.

XX. Il est de plus arrêté que, pour la plus prompte exécution du présent acte, tous les paquets ou lettres adressés à l'enregistreur ou par lui, pour affaire relative au bureau d'enregistrement créé par le présent acte, seront

L'enregistreur jouira de la franchise pour toutes les lettres qu'il recevra ou adressera.

affranchis du droit de poste; et que tous paquets ou lettres qui seront expédiés par ledit enregistreur pour le service de son bureau seront mis sous enveloppe avec ces mots : « En exécution de l'acte du parlement de la cinquième année du roi Guillaume IV », imprimés dessus et signés du nom dudit enregistreur et revêtus du sceau de son bureau; et si ledit enregistreur ou toute autre personne expédie ou fait expédier sous une pareille enveloppe n'importe quel papier, lettre ou écrit pour un autre objet que le service dudit bureau, ladite personne sera passible, pour chaque semblable délit, d'une amende de 100 livres sterling.

Les capitaines de bâtiments trafiquant avec l'étranger sont tenus de remettre, à leur retour, la liste de leurs équipages (4 et 5 W, 4 C. 52).

XXI. Attendu que, en vertu d'un acte de la session dernière du parlement intitulé : « Acte pour amender un acte de la vingtième année du règne de sa majesté le roi Georges II, pour le soulagement et l'entretien des marins malades, blessés et invalides, ainsi que des veuves et enfants de ceux qui seraient tués, blessés ou noyés au service du commerce, et pour d'autres objets », il doit être tenu à bord de tout bâtiment marchand, et pour remplir les prescriptions dudit acte, un certain registre dans le genre d'un rôle d'équipage, lequel registre doit contenir l'immatriculation des individus et les renseignements à eux relatifs prescrits par ledit acte; et attendu qu'il est convenable, pour la meilleure exécution des dispositions de cet acte, qu'il soit envoyé audit enregistreur des marins du commerce un état contenant les renseignements spécifiés par ledit acte, il est de plus arrêté que le capitaine de tout bâtiment appartenant à un sujet de sa majesté à la destination d'outre-mer (excepté dans les cas ci-après prévus), non-seulement tiendra le registre exigé par l'acte dont extrait précède, mais devra encore, à l'arrivée de son bâtiment au port de destination dans le Royaume-Uni, délivrer ou faire délivrer au collecteur ou au contrôleur des douanes dudit port un état signé par lui de tous les marins et autres personnes (y compris les apprentis) qui auront appartenu au bâtiment à une époque quelconque de son absence du Royaume-Uni, dans lequel état seront relatés exactement et sincèrement, et sous leurs titres respectifs, tous les renseignements et particularités, et dans la forme portée dans la cédule annexée au présent acte sous la lettre C.

XXII. Il est de plus arrêté que vingt et un jours après le trentième jour de juin et le trente et unième jour de décembre de chaque année, les armateurs de tous bâtiments employés à la pêche sur les côtes du Royaume-Uni, ou faisant un commerce régulier d'un point à un autre dudit royaume, et tout bâtiment trafiquant ou faisant régulièrement des voyages à l'une des îles de Jersey, Guernesey, Alderney, Sark et Man, ou avec quelque port que ce soit du continent européen, entre l'embouchure de l'Elbe inclusivement et Brest, remettra ou fera remettre au collecteur ou au contrôleur des douanes du port auquel appartient le bâtiment, ou au susdit enregistreur à Londres, un état, signé dudit armateur ou du capitaine, des voyages entrepris par ledit bâtiment pendant la dernière moitié de l'année expirant aux jours ci-dessus indiqués, donnant les noms, prénoms et surnoms des personnes (y compris le capitaine et les apprentis) qui auront appartenu au bâtiment pendant toute la durée desdites périodes, lequel état con-

Les capitaines des bâtiments employés au commerce du Royaume-Uni sont tenus de remettre de semblables listes.

tiendra d'une manière exacte et sincère, et sous leurs titres respectifs, tous les renseignements et particularités demandés, et dans la forme indiquée dans la cédule annexée au présent acte sous la lettre D.

Un pareil état doit être adressé dans le cas d'un bâtiment perdu ou vendu à l'étranger.

XXIII. Il est de plus arrêté que, dans le cas où un bâtiment se perdrait ou serait vendu hors du Royaume-Uni, un rapport contenant un état (*return*) semblable à celui exigé dans les différents cas ci-dessus mentionnés, fait au moment de ladite perte ou vente, sera par les primitifs propriétaire ou capitaine dudit bâtiment, ou par l'un d'eux, adressé ou remis au susdit enregistreur au port de Londres, aussitôt qu'il pourra dresser cet état, après la perte du navire, et dans le délai de douze mois du calendrier, au plus tard, après la vente du bâtiment.

Les états devront être certifiés et transmis à l'enregistreur, sous peine d'amende pour le capitaine.

XXIV. Il est de plus arrêté que lesdits rapports et états, dont la remise au collecteur ou au contrôleur est exigée par le présent acte, ainsi qu'il a été dit ci-dessus, seront transmis par lesdits officiers de la douane, de temps en temps, à l'enregistreur pour l'exécution dudit acte; et tout armateur ou capitaine qui refusera ou négligera d'adresser ou de faire remettre l'état exigé par cet acte sera puni d'une amende de 25 livres sterling pour chaque omission commise ou causée par lesdits armateur ou capitaine.

Comment on devra procéder à l'égard des effets des marins décédés à l'étranger.

XXV. Et, afin qu'il soit pris le soin convenable des effets des marins anglais décédés à l'étranger, et qu'il en soit disposé comme cela doit être, il est de plus arrêté que, pour tout marin anglais se trouvant à l'étranger et qui décédera ailleurs que sur un bâtiment anglais, laissant de l'argent ou des effets, le consul de S. M. dont la juridiction s'étendra au lieu du décès devra réclamer et recevoir l'argent et les effets, et disposer de ceux-ci au profit de son plus proche parent ou autre personne qui y aurait légalement droit, et, dans le cas où la succession ne serait pas réclamée avant les trois mois qui suivront le décès dudit marin, ledit consul devra, après en avoir déduit le montant des dépenses faites pour établir l'actif de la succession du défunt, *remettre après balance faite* toutes les sommes qui sont ou peuvent être ainsi recueillies, au président et aux gouverneurs de la corporation « pour le soulagement et l'entretien des marins blessés, malades et invalides, ainsi que des veuves et enfants des marins tués, blessés ou noyés au service du commerce; » lesdits président et gouverneurs disposeront du produit de ladite succession ainsi qu'il est réglé dans ledit acte de la dernière session du parlement, relatif aux gages des marins décédés sur les bâtiments de commerce; et, dans le cas où un marin décédé comme il vient d'être dit laisserait, sur le bâtiment à bord duquel il se trouvait, de l'argent, des vêtements et autres effets qui ne seraient pas réclamés, dans le délai d'un mois après le retour dudit bâtiment dans le Royaume-Uni, par l'exécuteur testamentaire ou l'administrateur des biens du décédé, alors le capitaine dudit bâtiment sera tenu de remettre ladite succession ou son produit auxdits président et gouverneurs pour qu'il en soit disposé selon qu'il est réglé dans ledit acte relatif aux gages des marins décédés.

Les enfants
de paroisse
peuvent être mis
comme apprentis
au
service de mer.

XXVI. Attendu que l'encouragement donné aux jeunes gens du Royaume-Uni pour se vouer volontairement au service de mer, et l'obligation de ce service imposé à ceux qui, par leur pauvreté ou celle de leurs parents, sont sans moyens de subsistance et de travail, auront pour résultat, non-seulement d'augmenter le nombre des marins habiles et expérimentés, aussi bien pour la marine royale que pour celle du commerce, mais encore de donner un emploi aux indigents, et de diminuer ainsi matériellement la charge et la dépense qu'occasionne leur entretien aux paroisses, il est arrêté que les régisseurs des pauvres, ou les personnes ayant l'autorité de ces régisseurs dans telle commune ou paroisse que ce soit, ou tout autre lieu du Royaume-Uni, ou qui pourront être investies de l'autorité desdits régisseurs ou tuteurs des pauvres, et elles en sont investies par le présent acte, auront le droit d'engager par un brevet d'apprentissage tous enfants ayant atteint l'âge de treize ans, qui seront reconnus d'une force et d'une santé suffisantes, et qui seront, ou dont les parents seront ou pourront être à la charge de toute paroisse ou commune que ce soit, ou qui demanderont l'aumône, avec le consentement des enfants (mais non autrement), comme apprentis-marins avec tout sujet de sa majesté, capitaine ou armateur de tout bâtiment enregistré dans tel port que ce soit du Royaume-Uni, pour tous le temps à courir jusqu'à ce que lesdits enfants atteignent l'âge de vingt et un ans; lequel engagement aura, pour tous les cas possibles, aux yeux de la loi, tous les mêmes effets que si l'enfant avait été engagé d'après les statuts en vigueur et relatifs à l'engagement des apprentis de paroisse, comme si ledit enfant était d'âge à s'engager, et s'était engagé lui-même comme apprenti, bien que la résidence du capitaine ou de l'ar-

mateur avec lequel il pourra s'engager soit à plus de quarante
milles de distance de ladite paroisse ou dudit lieu, pourvu
toutefois, que ledit engagement soit fait en la présence de
deux juges de paix agissant pour le comté, l'arrondissement, la
division, la cité, le bourg ou le lieu où se trouve située ladite paroisse ou ladite commune; lesquels juges donneront
cours à l'engagement après qu'ils se seront assurés que
ledit enfant a atteint l'âge, et est dans l'état de santé et de
force requis par le présent acte; et afin que l'époque où
devra expirer le service dû en vertu de l'engagement soit
plus facile à établir, l'âge dudit enfant sera constaté dans
son engagement, au moyen d'un extrait de la copie de son
acte de baptême, inscrit sur le registre de la paroisse où il
est né, et où l'on pourra lever ladite copie, laquelle sera
délivrée sans frais et certifiée par le ministre en exercice
de cette paroisse; et, dans le cas où ledit acte de baptême ne
pourrait être trouvé, lesdits juges devront s'informer aussi
bien que possible de l'âge de l'enfant, et d'après ces informations l'inscrire sur son engagement; et l'âge dudit enfant
ainsi inscrit sur l'engagement (en vue de la durée de son
service) sera réputé son âge véritable sans autre preuve.

XXVII. Il est de plus arrêté que tout maître ou toute
autre personne à laquelle un apprenti de paroisse aura été
ou sera attaché pour un service à terre, conformément aux
statuts déjà en vigueur relativement auxdits apprentis, ou
aux exécuteurs testamentaires, ou administrateurs, ou, à
défaut de ceux-ci, à la veuve du maître décédé, avec le
concours de deux ou de plusieurs juges de paix résidant au
lieu ou aux environs du lieu où ledit enfant de paroisse

Les apprentis de paroisse pourront être mis dans le service de mer.

aura été engagé en apprentissage, aura le droit, avec le consentement dudit apprenti, et non autrement, de l'engager avec tout capitaine ou armateur de bâtiment n'ayant pas le nombre réglementaire d'apprentis ci-après requis par le présent acte, pour être employé par ledit capitaine ou armateur au service de la mer durant le temps de son apprentissage qu'il lui restera à faire.

XXVIII. Il est de plus arrêté que, dans le cas de décès du capitaine de pareil indigent ou apprenti de paroisse au service de mer, la veuve, ou l'exécuteur testamentaire, ou l'administrateur dudit capitaine pourra transférer l'engagement dudit apprenti pour le reste du temps de son engagement à tout capitaine ou armateur de tout bâtiment n'ayant pas le nombre d'apprentis complet ci-après requis; tous lesdits transferts, s'ils ont été exécutés dans le ressort du port de Londres, seront attestés par ledit enregistreur, un de ses adjoints ou un de ses commis, et si c'est dans un autre port, par le collecteur ou contrôleur des douanes dudit port.

XXIX. Il est de plus arrêté que lesdits régisseurs ou autres personnes ci-dessus désignés devront faire dresser en duplicata les contrats d'apprentissage, si le capitaine ou l'armateur du bâtiment sur lequel ledit apprenti devra être embarqué se trouve ou réside dans le ressort du port de Londres; ces duplicatas seront transmis à l'enregistreur par lesdits régisseurs, et, dans tout autre port, au collecteur ou au contrôleur des douanes dudit port; et lesdits régisseurs ou autres personnes ci-dessus désignés devront faire conduire et défrayer chacun desdits enfants pauvres audit

Marginal notes:

Les engagements d'apprentissage pourront être transférés en cas de décès du capitaine.

Les commissaires de paroisse devront préparer les contrats d'apprentissage.

L'apprenti sera escorté par un constable.

port, ou audit lieu par le constable et aux frais de la paroisse ou de la commune qui les y envoie, et devront aussi faire payer au capitaine la somme de 5 liv. ster., destinée à pourvoir ledit enfant des vêtements de mer et objets de couchage; laquelle somme ainsi que les dépenses faites pendant la conduite de l'enfant devront, quand elles seront payées, leur être allouées dans leurs comptes rendus des dépenses relatives aux pauvres.

XXX. Il est de plus arrêté que les contre-parties desdits contrats devront, si le capitaine se trouve dans le port ou dans les limites du port de Londres, être souscrites en la présence dudit enregistreur, et être attestées par lui, un de ses adjoints ou commis, et dans tout autre port par le collecteur ou contrôleur des douanes dudit port, et, dans les deux cas, par le constable ou tout autre officier qui y aura conduit lesdits apprentis; et lesdits contrats porteront respectivement la date des jours de leur exécution; et le constable à son retour devra délivrer lesdites contre-parties aux régisseurs ou autres personnes ci-dessus mentionnés pour être par eux enregistrées et conservées.

Comment les contre-parties des contrats seront attestées.

XXXI. Il est de plus arrêté que le capitaine de tout bâtiment appartenant à un sujet du royaume-uni et d'un tonnage de 80 tonneaux et plus, prendra, au moment de quitter un port du Royaume-Uni, un apprenti, ou plus, dans les rapports suivants avec le nombre de tonneaux jaugés par ledit bâtiment, d'après le certificat d'enregistrement, savoir : un apprenti au moins par chaque bâtiment de 80 à 200 tonneaux; deux apprentis au moins par chaque bâ-

Chaque bâtiment devra avoir un nombre d'apprentis en rapport avec son tonnage, sous peine d'amende.

Amende en cas d'un nombre insuffisant d'apprentis.

timent de 200 à 400 tonneaux ; trois apprentis au moins
par chaque bâtiment de 400 à 500 tonneaux ; quatre apprentis au moins par chaque bâtiment de 500 à 700 tonneaux ; et cinq apprentis au moins par chaque bâtiment
ayant 700 tonneaux ou plus : tous lesdits apprentis ne pouvant avoir moins de 17 ans à l'époque de leur engagement,
et ledit engagement ne pouvant durer moins de quatre ans ;
et, si ledit capitaine néglige de prendre à son bord le
nombre requis d'apprentis, il sera passible d'une amende
de 10 pounds pour chaque apprenti qu'il aura en moins.

Les apprentis sont exemptés des droits d'hôpitaux.

XXXII. Il est de plus arrêté qu'aucun apprenti engagé
ou transféré en vertu du présent acte ne sera tenu de payer
aucun droit pour l'entretien d'aucun hôpital ou autre établissement, non plus que tout capitaine ou armateur pour
les apprentis qu'il aura à son bord.

Les contrats et transferts doivent être enregistrés.

XXXIII. Il est de plus arrêté que le susdit enregistreur
à Londres, ou le collecteur ou le contrôleur des douanes
dans quelque port que ce soit, devra, sur un registre *ad hoc*,
inscrire de temps en temps, dans lesdits engagements et transferts desdits apprentis de paroisse spécifiant la date de ces
engagements et transferts, le nom et l'âge des apprentis de
paroisse, les paroisses ou lieux d'où ils ont été envoyés, le
nom et la résidence des capitaines avec lesquels ils sont engagés, ou auxquels ils ont été transférés, et le nom, le port,
le tonnage de chaque bâtiment auxquels lesdits capitaines
appartiennent, et apposera sur chaque engagement ou
transfert une apostille indiquant que ledit engagement ou
transfert a été dûment enregistré conformément au présent

acte; et chaque collecteur ou contrôleur devra aussi, à la fin de chaque trimestre de l'année, transmettre audit enregistreur un état des engagements ainsi enregistrés par lui pendant le précédent trimestre, contenant toutes les particularités ci-dessus indiquées, aux fins du présent acte.

XXXIV. Il est de plus arrêté que, dans tous les cas où une personne s'engagera volontairement comme apprenti au service de mer, les engagements qui devront être faits à cette occasion seront enregistrés sur un livre établi pour cet objet par le susdit enregistreur à Londres, et par le collecteur ou le contrôleur des douanes dans chacun des autres ports où l'engagement sera exécuté, sur lequel livre seront mentionnés la date des divers engagements, le nom et l'âge des apprentis, le nom et la résidence de leurs capitaines, et, s'ils sont connus, les noms, le port et le tonnage des divers bâtiments sur lesquels ils doivent chacun servir, et les susdits enregistreur, contrôleur et collecteur devront chacun écrire et signer sur chaque engagement un certificat attestant que ledit apprenti a été dûment enregistré conformément au présent acte, et lesdits collecteur et contrôleur devront aussi, à la fin de chaque trimestre, transmettre à l'enregistreur l'état des engagements ainsi enregistrés par eux dans le trimestre précédent, et contenant toutes particularités ci-dessus mentionnées audit registre, pour l'exécution du présent acte; et le capitaine, ou en cas de décès son exécuteur testamentaire, pourra, avec le consentement de l'apprenti, s'il a 17 ans ou plus, et d'après le consentement des parents ou du tuteur dudit apprenti, s'il a moins de 17 ans, transférer l'engagement dudit apprenti à toute

Les contrats d'apprentissage doivent être enregistrés.

—

Les transferts doivent être enregistrés.

12

autre personne, capitaine ou armateur de bâtiment; et tous lesdits apprentis volontaires pourront, pendant le temps de leur engagement, être employés sur quelque bâtiment que ce soit dont le capitaine dudit apprenti serait le capitaine ou l'armateur, pourvu toutefois, que ledit transfert soit enregistré et apostillé par ledit enregistreur, ou par le collecteur ou le contrôleur des douanes au port où le capitaine résidera, ou auquel appartiendra le bâtiment, et dans ce dernier cas, ledit collecteur ou contrôleur devra donner avis dudit transfert au susdit enregistreur, comme il est ordonné ci-dessus à l'égard de l'engagement dudit apprenti.

L'engagement des apprentis est exempt du droit de timbre.

XXXV. Il est de plus arrêté que tous les engagements faits avec l'équipage d'un bâtiment en exécution du présent acte, et tous les brevets d'apprentis de paroisse ou d'apprentis volontaires pour le service de mer, et toutes les contreparties et transferts desdits engagements à exécuter après la promulgation du présent acte, seront complétement exemptés du droit de timbre.

Amendes contre les capitaines qui négligeraient d'enregistrer les engagements, et qui permettraient aux apprentis de quitter le service,

XXXVI. Il est de plus arrêté que tout capitaine auquel un apprenti de mer sera engagé ou transféré, et qui négligerait de faire enregistrer, conformément au présent acte, l'engagement ou transfert, ou qui, une fois que le bâtiment serait parti pour le voyage auquel ledit bâtiment est destiné, souffrirait que son apprenti quittât son service pour tout autre que celui de Sa Majesté, excepté dans les cas de mort, de désertion de maladie ou autre cas de force majeure, qui devront être attestés au livre de loch du bâtiment, ledit capitaine sera passible d'une amende de 10 livres sterling par chaque manquement à cette prescription.

XXXVIII. Il est de plus arrêté que deux ou plusieurs juges de paix, résidant près d'un port ou dans ce port, devront, à l'arrivée d'un des susdits bâtiments à bord duquel se trouveraient des apprentis marins, interroger lesdits apprentis, examiner toutes les réclamations qu'ils pourraient faire contre leurs capitaines relativement à leurs engagements, et les plaintes qu'ils pourraient former contre le capitaine pour fait de mauvais traitements, comme aussi entendre les plaintes du capitaine en cas d'inconduite desdits apprentis, et rendre tels arrêts qu'ils sont autorisés à rendre, dans les autres cas, entre les maîtres et les apprentis.

Les juges de paix devront entendre les plaintes.

XXXVIII. Et attendu que, par un acte rendu dans la neuvième année du règne de feu Sa Majesté le roi George IV, pour réunir et amender les statuts relatifs aux délits envers les personnes, une juridiction sommaire est établie pour la punition des personnes coupables de voies de fait ordinaires et *batteries;* attendu qu'il est convenable d'étendre les dispositions dudit acte aux délits analogues commis à bord des bâtiments marchands, ainsi qu'il y est pourvu ci-après, il est, en conséquence, de plus, arrêté que toute voie de fait ou batterie qui, après la promulgation du présent acte, aurait lieu à bord d'un bâtiment marchand appartenant à un sujet du Royaume-Uni, en quelque lieu que ce soit, à la mer ou hors des possessions de Sa Majesté, pourra, sur la plainte de la partie lésée, être portée devant deux juges de paix de quelque partie que ce soit des états de Sa Majesté, qui devront entendre et examiner la plainte, et rendre tel jugement que par ledit acte ils ont le droit de rendre, en se renfermant toutefois dans les limites posées

Les voies de fait ordinaires peuvent être d'abord punies par deux juges de paix.

par cet acte pour les cas de rixes et batteries; et l'amende dont le délit serait passible sera remise à la caisse de l'hospice ou de l'établissement des gens de mer existant dans le port, ou le plus rapproché du port ou du lieu où le jugement aura été rendu.

Les capitaines sont autorisés à recevoir les gages des apprentis entrant dans la marine royale.

XXXIX. Il est de plus arrêté qu'aucun apprenti de paroisse ou volontaire, au service de mer, ne pourra entrer dans la marine royale pendant la durée de son apprentissage sans le consentement de son capitaine; mais s'il passait de lui-même sur un bâtiment de guerre de Sa Majesté, et que son capitaine consentît à l'y laisser, ledit capitaine, en donnant avis au secrétaire de l'amirauté de son consentement à laisser son apprenti au service de Sa Majesté pour le reste du temps de son apprentissage, pourra, en produisant l'engagement à l'époque des payements de la solde à bord du bâtiment de guerre, toucher pour lui-même tout décompte qui serait dû audit apprenti avant l'époque fixée pour l'expiration de son engagement.

La mise à terre par violence ou l'abandon de toute personne appartenant à l'équipage sont réputés délits.

Juridiction des cours à l'égard de ces délits.

XL. Et, attendu que de graves inconvénients sont résultés de l'abandon de marins à l'étranger, lesquels, ainsi réduits à la détresse, ont pu être tentés de se livrer à la piraterie, et qu'il est urgent d'amender et d'étendre la loi à ce sujet, il est de plus arrêté que tout capitaine d'un bâtiment appartenant à un sujet du Royaume-Uni, qui mettra de force à terre et abandonnera volontairement et traîtreusement à terre ou à la mer, dans quelque lieu que ce soit, dans ou hors les possessions de Sa Majesté, quelque personne que ce soit de son équipage avant le retour ou l'arrivée dudit bâtiment dans le Royaume-Uni, ou avant le terme du ou des voyages pour lequel ou lesquels ladite personne aura été engagée, soit qu'elle ait fait ou non partie de l'équipage primitif, ledit capitaine ou tout individu ayant ainsi agi sera considéré comme coupable d'un délit, et en sera puni par une amende ou un emprisonnement, ou par l'une et l'autre, selon que l'aura prononcé la cour par laquelle il aura été condamné, et ledit délit pourra être l'objet d'une information à la diligence du procureur général, au nom de Sa Majesté, ou par toute autre voie devant telle cour criminelle que ce soit des États ou des possessions de Sa Majesté, dans le ressort de laquelle ledit capitaine ou ladite personne se trouvera, même si le lieu où le délit serait constaté avoir été commis paraissait être hors des limites de la juridiction de ladite cour (laquelle constatation doit établir matériellement le fait); et ladite cour est, par le présent acte, tenue de nommer une commission ou plusieurs commissions pour entendre des témoins qui seraient hors de sa juridiction ou absents; et, au procès, les dépositions reçues d'après ces commissions rogatoires seront, en l'absence des témoins, admises en témoignage.

XLI. Il est de plus arrêté qu'aucun capitaine ne pourra débarquer un individu quelconque de son équipage, sujet britannique ou étranger, dans quelques colonies ou établissements de Sa Majesté que ce soit, sans en avoir d'abord obtenu l'autorisation écrite du gouverneur, du lieutenant-gouverneur, du secrétaire ou de tout autre officier à ce préposé par l'autorité locale; et, en l'absence desdits fonctionnaires du port dans lequel ou près duquel le **bâtiment**

Les marins ne pourront être débarqués à l'étranger sans l'autorisation de certains fonctionnaires.

se trouvera mouillé, l'autorisation sera demandée au chef des douanes; ledit capitaine ne pourra débarquer ledit individu à l'étranger sans l'autorisation préalable et écrite du ministre, du consul ou vice-consul de Sa Majesté, ou, en leur absence, de deux négociants notables du lieu; tous lesdits négociants et fonctionnaires sont tenus par le présent acte de s'enquérir avec soin et sous serment des motifs dudit débarquement, et d'accorder ou de refuser ledit certificat suivant le résultat de leur enquête.

Personne ne pourra être laissé à l'étranger, sous prétexte d'incapacité à poursuivre le voyage, de désertion ou de disparition, sans une semblable autorisation.

XLII. Il est de plus arrêté qu'aucun capitaine n'aura la liberté de laisser à l'étranger, soit à terre, soit à la mer, aucun individu faisant partie de son équipage, sous prétexte que ledit individu ne serait pas en état de poursuivre le voyage, aurait déserté ou disparu du bâtiment, à moins qu'il n'ait eu d'abord un certificat écrit de l'un desdits fonctionnaires ou négociants notables, s'il s'en trouve à une distance raisonnable du lieu où est le bâtiment, et s'il a eu le temps de se le procurer, attestant que ledit individu ne peut poursuivre le voyage, a déserté ou disparu, et n'a pu être ramené; et tous lesdits fonctionnaires sont, par le présent acte, tenus, en recevant la demande dudit capitaine, de s'enquérir des motifs, sous serment dudit capitaine, et de lui accorder ou refuser ledit certificat d'après le résultat de cet examen.

Si un individu de l'équipage est abandonné, le capitaine sera tenu de prouver qu'il en avait l'autorisation.

XLIII. Il est de plus arrêté que tout capitaine qui aura abandonné un individu quelconque de son équipage, contrairement au présent acte, sera tenu de prouver devant tout tribunal qu'il a obtenu l'autorisation et le certificat exigés ; car, excepté dans le cas d'entrée au service naval de Sa Majesté, nul individu de l'équipage ne pourra être débarqué, avec ou sans son consentement, en quelque lieu que ce soit à l'étranger où se trouverait un desdits fonctionnaires, à moins que celui-ci n'y ait donné son autorisation.

XLIV. Il est de plus arrêté que tout capitaine qui laissera ainsi quelqu'un de son équipage à terre et à l'étranger, sur un certificat attestant qu'il est hors d'état de poursuivre son voyage, devra délivrer à l'un des susdits fonctionnaires ou, en leur absence, à deux négociants notables du lieu, ou, s'il n'y en a qu'un, à ce négociant, un exact décompte des gages dus audit marin, et lui en payer le montant ou en argent ou par une traite tirée sur l'armateur de son bâtiment ; et si c'est par une traite, alors ledit fonctionnaire ou négociant, selon le cas, sera tenu d'attester, par un certificat apposé sur la traite, qu'elle est tirée conformément au présent acte pour des gages dus au marin, ou à cet effet ; et tout capitaine qui aura remis un faux décompte ou refusé ou négligé de remettre un exact décompte des gages dus à ladite personne, et d'en payer le montant en argent ou par une traite comme il a été dit, devra, pour chaque contravention, payer, en plus des gages dus, une amende de 25 liv. sterl.

Les marins autorisés à débarquer doivent être payés de leurs gages.

XLV. Il est de plus arrêté que rien, dans le présent acte ou dans aucun engagement y contenu, ne sera jugé devoir empêcher aucun marin, ou toute personne appartenant à un bâtiment marchand, d'entrer ou d'être reçue dans la marine royale, et aucun fait semblable ne sera réputé une

L'acte ne doit pas être étendu jusqu'à empêcher les marins d'entrer dans la marine royale.

désertion du bâtiment marchand, ni ne sera passible d'aucune pénalité ou amende quelconque, soit de gages, soit de vêtements ou effets ou tous autres objets, nonobstant tout engagement pris contrairement au présent acte; et il est strictement défendu à tout capitaine ou armateur de bâtiment d'introduire dans les engagements qu'il passe avec l'équipage aucune clause par laquelle une pénalité ou amende puisse être encourue par un marin pour le fait de son entrée au service de Sa Majesté.

A l'entrée des marins du commerce dans la marine royale, ils auront droit à la remise immédiate de leurs vêtements et au payement de tous les gages qui leur seraient dus.

XLVI. Et de plus il est arrêté que tout marin quittant un bâtiment marchand pour entrer dans la marine royale, et qui ne se sera pas antérieurement rendu coupable d'une complète désertion à l'égard du capitaine, devra recevoir, à son entrée à bord d'un bâtiment de guerre, ses vêtements et effets, et, dans le cas où le bâtiment aurait gagné un fret, ledit marin recevra du capitaine le décompte des gages à lui dus à l'époque de ladite entrée, soit en argent, soit en une traite sur l'armateur, lesquels habits, effets, deniers et traite le capitaine est, par ces présentes, requis de lui délivrer, sous peine d'une amende de 25 liv. sterl. avec dépens au profit dudit marin; toutefois, si aucun fret n'a été acquis au moment de l'entrée dudit marin dans la marine royale, le capitaine est tenu de lui fournir une traite sur l'armateur pour le payement de ses gages à la bonne arrivée du bâtiment au port de sa destination; mais, dans le cas où le capitaine n'aurait aucun moyen de fixer la balance des sommes dues audit marin, il lui délivrera un certificat constatant la durée de ses services et le taux des gages auxquels il s'était engagé, et il produira en même temps à l'officier commandant, ou à tout autre officier du bâtiment de Sa Majesté, l'engagement contracté avec ledit marin pour le voyage; et ledit capitaine, après la remise desdits vêtements et effets et le règlement desdits gages de la manière fixée par le présent acte, sera autorisé à recevoir de l'officier commandant du bâtiment sur lequel ledit marin sera embarqué un certificat signé dudit officier, que celui-ci devra délivrer à la requête du capitaine, constatant que ledit marin s'est embarqué sur ledit bâtiment de Sa Majesté pour y servir, et comme preuve que le capitaine ne s'est pas séparé dudit marin contrairement aux dispositions du présent acte.

XLVII. Il est de plus arrêté que dans tous les cas où un capitaine aura mis de force à terre ou abandonné tout individu contrairement aux dispositions du présent acte, et où ledit individu se trouvant dans la misère aura reçu des secours, en vertu d'un acte passé dans la onzième année du règne de Sa Majesté le roi George IV pour amender et réunir les lois relatives à la paye de la marine royale, ou d'après tout acte qui pourra être rendu par la suite, Sa Majesté, en addition aux gages dus et aux peines encourues par ledit capitaine, sera autorisée à poursuivre ledit capitaine ou armateur du bâtiment, au choix des commissaires remplissant les fonctions du lord grand-amiral du Royaume-Uni, pour toutes les charges et dépenses ocasionnées par la subsistance, les vêtements et le rapatriement dudit individu, comme autant de sommes payées, avancées et dépensées pour le compte du défendeur, lesquelles sommes, ainsi que les frais et dépens de l'action, pourront être recouvrées de la même manière que les autres sommes dues à Sa Ma-

Droit de Sa Majesté à faire poursuivre le recouvrement de l'avance faite pour secourir les marins laissés à l'étranger.

jesté sont recouvrables par toutes cours ayant dans leur juridiction la rentrée des sommes dues à la couronne; et, dans toute poursuite intentée à cet effet, le rapport fait auxdits commissaires, par n'importe lequel des susdits fonctionnaires ou par lesdits négociants (comme il est prévu par ledit acte de la onzième année du règne du roi George IV), sera, avec la preuve du payement, rapportée par lesdits commissaires ou par le trésorier de la marine, des dépenses encourues pour soulager ledit individu, un témoignage suffisant que ledit individu aura été secouru et rapatrié conformément au présent acte et aux frais de Sa Majesté. Et la cour devant laquelle sera portée l'action en recouvrement desdits frais est autorisée à donner une ou plusieurs commissions rogatoires pour l'audition des témoins à l'étranger, et les dépositions ainsi recueillies seront admises comme preuves.

A l'arrivée d'un bâtiment dans un port étranger, le rôle d'engagement devra être déposé au consulat, sous peine d'amende.

XLVIII. Et, afin de rendre plus efficaces les dispositions du présent acte, il est de plus arrêté que tout capitaine d'un bâtiment appartenant à un sujet de Sa Majesté, à son arrivée dans un port où se trouve un consul ou vice-consul anglais, devra délivrer audit consul ou vice-consul le rôle de l'engagement de son équipage, afin que ledit rôle soit gardé pendant la relâche et remis audit capitaine à son départ dudit port, sans aucuns droit ni frais; et si ledit capitaine refuse ou néglige cette formalité, il sera passible d'une amende de 25 liv. sterl. pour chaque manquement.

Aucun marin ne pourra être embarqué

XLIX. Il est de plus arrêté que, pendant le séjour d'un bâtiment dans un port étranger, aucun marin ne devra être embarqué par le capitaine sans l'autorisation du consul ou vice-consul, attestée sur le rôle d'engagement, sous peine d'une amende de 25 pounds pour chaque marin qui aurait été embarqué sans cette formalité.

dans un port étranger sans le visa du consul.

L. Il est de plus arrêté que le capitaine de tout bâtiment appartenant à un sujet britannique devra produire le rôle d'équipage dudit bâtiment et l'acte d'engagement avec son équipage, au capitaine, commandant ou à tout autre officier commissionné de Sa Majesté, à bord de tout bâtiment de Sa Majesté, qui en réclamerait la production, et que ledit officier pourra, s'il le juge nécessaire, passer en revue l'équipage et les passagers (s'il y en a) de tout bâtiment appartenant, comme il a été dit, à un sujet britannique, afin qu'il puisse vérifier si les dispositions du présent acte et de tout acte par lequel les équipages des bâtiments marchands sont régis, ainsi que les lois relatives à la navigation à l'égard des équipages de bâtiments marchands, ont été dûment exécutées; et si ledit capitaine, malgré la demande dudit officier, négligeait ou refusait de produire ledit rôle d'équipage ou l'acte d'engagement, ou empêchait ledit officier de remplir son devoir et de passer en revue ledit équipage ou lesdits passagers, ou produisait un faux rôle d'équipage, il sera passible d'une amende de 25 livres sterling pour chaque infraction.

Les capitaines sont tenus de produire le rôle d'engagement aux officiers des bâtiments du roi.

LI. Il est de plus arrêté que, pour la bonne exécution des dispositions du présent acte, l'enregistreur et ses adjoints, ou les collecteurs et autres chefs de la douane, pourront, dans les divers ports du Royaume-Uni et des posses-

L'enregistreur et les officiers de la douane sont autorisés à exiger la production de l'acte

d'engagement
et du rôle
de l'équipage.

sions britanniques à l'étranger, demander au capitaine (qui est tenu par ces présentes d'y consentir) à prendre connaissance de son contrat avec l'équipage, se faire produire le rôle d'équipage du navire et celui des engagements, et prendre copie de l'un ou l'autre ou de tous deux, et passer en revue l'équipage et les apprentis dudit bâtiment, dans le but de s'assurer si les dispositions dudit acte et des lois relatives à la navigation ont été dûment exécutées ; et si ledit capitaine, malgré cette demande, néglige ou refuse de produire ledit rôle de revue ou ledit acte d'engagement, ou refuse de permettre de prendre copie de l'un ou de l'autre, ou refuse ou empêche son équipage et les apprentis d'être ainsi passés en revue, il sera, pour toute semblable négligence, refus ou délit, passible d'une amende de 5o livres sterling.

Définition
des
termes de master,
marin,
bâtiment
et armateur.

LII. Et pour prévenir toute équivoque, dans l'exécution du présent acte, il est de plus arrêté que toute personne ayant la charge ou le commandement de tout bâtiment appartenant à un sujet britannique sera, dans les vues et dans le but du présent acte, considérée comme le *capitaine* (master) dudit bâtiment ; et que toute personne, les apprentis exceptés, qui serait employée ou engagée, n'importe en quelle qualité, à bord dudit bâtiment, sera de la même manière jugée être *marin*; et que le mot *bâtiment*, tel qu'il est employé dans le présent acte, s'appliquera à tout vaisseau naviguant sur mer ; et que le terme *armateur*, à l'égard d'un bâtiment, s'appliquera à toutes les personnes, s'il y en a plus d'une, auxquelles le bâtiment appartiendra ; et que tout bâtiment à vapeur ou autre, employé au transport des passagers ou des marchandises, sera considéré comme bâtiment marchand, toujours pour arriver aux but et fin du présent acte.

LIII. Il est de plus arrêté que toutes les amendes encourues d'après le présent acte et pour le recouvrement desquelles il n'a pas été ci-dessus indiqué de mode spécial, seront perçues, ainsi que les frais de l'action, de la manière suivante : toutes les amendes n'excédant pas 20 livres sterling seront perçues à la diligence de telle personne que ce soit, après une instruction et une procédure sommaire devant un ou plusieurs juges de paix dans quelque partie que ce soit des possessions de Sa Majesté, résidant dans l'endroit ou près de l'endroit où le délit aura été commis ou bien où réside le délinquant, lesquels juges de paix auront plein pouvoir pour faire payer le montant de toute amende et des frais par la saisie et la vente des marchandises du délinquant, ou par l'emprisonnement dudit délinquant pour le non-payement du montant de ladite amende; et toutes les amendes excédant 20 pounds seront recouvrées ainsi que les frais et dépens dans les greffes de Sa Majesté à Westminster, Édinburgh ou Dublin, ou dans les colonies, à la diligence du procureur général de Sa Majesté, ou autre officier supérieur de justice de la couronne dans quelque partie que ce soit des possessions de Sa Majesté, excepté l'Écosse, et en Écosse, à la diligence du *lord avocat*, et que toutes les amendes dont il est question dans le présent acte, et pour lesquelles aucune disposition spéciale n'aura été antérieurement fixée, une fois perçues, seront payées et appliquées de la manière suivante, c'est-à-dire que moitié de ladite amende sera payée à la personne qui aura

Recouvrement
des
amendes.

dirigé l'enquête ou d'après l'avis de laquelle ladite amende aura été reconnue et recouvrée, et le reste sera partagé entre l'hôpital de Greenwich et l'hôpital ou établissement des gens de mer du port auquel appartiendra le bâtiment; et, s'il n'y avait aucun établissement semblable dans ledit port, alors le tout sera versé dans la caisse de l'hôpital de Greenwich; toutefois, la cour ou les juges de paix devant laquelle ou lesquels serait intentée l'action en recouvrement d'une amende fixée par le présent acte pourront diminuer ou réduire ladite amende, ainsi qu'il paraîtrait juste et raisonnable à ladite cour ou auxdits juges, de manière cependant que ladite amende ne puisse être réduite de plus de moitié du montant auquel elle aura été fixée, et de plus toutes les poursuites à intenter devront commencer dans les deux ans après le délit commis, si ce délit a été commis au cap de Bonne-Espérance ou au cap Horn ou au delà de ces caps, ou dans l'année, si le délit a été commis entre lesdits caps et l'Europe, ou bien dans les six mois du calendrier qui suivront le retour du délinquant ou de la partie plaignante dans le Royaume-Uni.

Quant aux bâtiments appartenant à toute colonie anglaise ayant une législature.

LIV. Et il est toutefois arrêté que le présent acte ne s'étendra ni ne s'appliquera à aucun bâtiment appartenant à aucune colonie anglaise ayant une assemblée législative, et y enregistré, ou à l'équipage d'aucun de ces bâtiments, tant que ces bâtiments seront dans les limites de la juridiction de ladite colonie, nonobstant toutes les dispositions contraires ci-dessus établies.

L'acte pourra être amendé dans la présente session.

LV. Il est de plus arrêté que le présent acte peut être amendé, modifié ou rapporté par tout acte ou tous actes qui pourront être rendus dans la présente session du parlement.

Cédules auxquelles se réfère le présent acte.

CÉDULE A.

Engagement fait en exécution d'un acte du parlement passé dans la sixième année du règne de S. M. le roi Guillaume IV, entre   , jaugeant   tonneaux, et les diverses personnes dont les noms y sont inscrits.   , du port de   le capitaine du bâtiment *le*

Il est convenu entre lesdites personnes et elles prennent ici l'engagement de servir sur ledit bâtiment dans les divers emplois sous lesquels leurs noms sont inscrits, dans un voyage du port de   (ici le voyage projeté doit être spécifié aussi exactement que possible, ainsi que les escales, ou, si cela ne se peut faire, la nature du voyage auquel ledit bâtiment est destiné), et pour le retour dans le port de   . De plus, ledit équipage s'engage à se conduire régulièrement, avec zèle, honnêteté et obéissance en tout ce qui se rapporte audit bâtiment, à ses approvisionnements et à son chargement, soit à bord dudit bâtiment, soit sur ses embarcations ou à terre. (Ici pourra être insérée toute clause que les parties jugeront devoir introduire dans le présent engagement, pourvu que ladite clause ne soit point contraire aux dispositions et à l'esprit du présent acte.) En considération desquels services, bonnêtement et soigneusement rendus, le capitaine promet ici et s'engage à payer audit équipage, en compensation ou comme gages, la paye portée à leurs noms respectifs. En foi de quoi lesdites parties ont signé aux jours indiqués à côté de leurs signatures respectives.

LIEU de l'INSCRIPTION.	EPOQUE.			NOMS des hommes.	Age.	LIEU DE NAISSANCE.	Qualité.	Montant des gages par mois, à la part ou au voyage.	TÉMOINS à la signature.	Nom du bâtiment sur lequel le marin a servi en dernier lieu.
	Jour.	Mois.	Année.							

NOTA. Tout dommage, suite de malveillance ou de négligence, occasionné par le fait d'un marin dans la cargaison ou les munitions d'un bâtiment, pourra être payé à l'armateur sur les gages dudit marin ; et tout marin qui se présentera pour un emploi auquel il ne sera pas propre, pourra voir ses gages réduits proportionnellement à son incapacité.

CÉDULE B

Engagement fait en exécution d'un acte du parlement passé dans la sixième année du règne de S. M. le roi Guillaume IV, entre le capitaine du bâtiment le _____ , du port de _____ , et jaugeant _____ tonneaux, et les diverses personnes dont les noms sont ci-après inscrits.

Il est convenu entre lesdites personnes, et elles prennent ici l'engagement de servir sur ledit bâtiment dans les divers emplois sous lesquels leurs noms sont inscrits, ledit bâtiment devant être employé (ici l'emploi du bâtiment doit être indiqué, qu'il soit destiné à la pêche sur les côtes, ou qu'il soit destiné au cabotage du Royaume-Uni, ou avec n'importe laquelle des îles Jersey, Guernesey, Alderney, Sark et Man, ou n'importe quel port du continent d'Europe entre l'Elbe inclusivement et Brest); et ledit équipage s'engage, de plus, à se conduire régulièrement, avec zèle, honnêteté et obéissance en tout ce qui se rapporte audit bâtiment, ses approvisionnements et son chargement, soit à bord, soit dans les embarcations ou à terre. (Ici pourra être insérée toute clause que les parties jugeront devoir introduire dans le présent engagement, pourvu que ladite clause ne soit point contraire aux dispositions et à l'esprit du présent acte.) En considération desquels services, honnêtement et soigneusement rendus, le capitaine s'engage ici à payer audit équipage, en compensation ou comme gages, la paye portée à leurs noms respectifs: toutefois, il est ici déclaré qu'aucun marin n'aura droit d'être débarqué du bâtiment pendant le voyage pour lequel il se sera engagé, et qu'il ne pourra l'être ailleurs que dans un port du Royaume-Uni. En foi de quoi lesdites parties ont signé aux jours indiqués à côté de leurs signatures respectives.

LIEU de L'EMBARQUEMENT.	ÉPOQUE.			NOMS DES HOMMES.	Âge.	LIEU DE NAISSANCE.	Qualité.	MONTANT DES GAGES par mois, à la part ou au voyage.	TÉMOINS.	NOM DU BÂTIMENT sur lequel le marin a servi en dernier lieu.
	Jour.	Mois.	Année.							

NOTA. Tout dommage, suite de malveillance ou de négligence, occasionné par le fait d'un marin dans la cargaison ou les munitions d'un bâtiment, pourra être payé à l'armateur sur les gages dudit marin; et tout marin qui se présentera pour un emploi auquel il ne sera pas propre, pourra voir ses gages réduits proportionnellement à son incapacité.

CÉDULE G.

Navire le   _du port de_   _dont_   _était capitaine._

Liste de l'équipage (y compris le capitaine et les apprentis), à l'époque du départ du port de   dans le Royaume-Uni, d'où il a fait voile primitivement pour son voyage à   , et des hommes qui ont été embarqués sur le bâtiment depuis ce départ jusqu'à son retour au port de   , étant son port de destination dans le Royaume-Uni.

NOM.	ÂGE.	LIEU DE NAISSANCE.	QUALITÉ.	BÂTIMENT sur lequel il a en dernier lieu servi.	ÉPOQUE de l'embarquement.	LIEU de l'embarquement.	ÉPOQUE à laquelle il est décédé ou a quitté le bâtiment.	DANS quel lieu.	POSITION subséquente.

NOTA. Si quelque individu de l'équipage est entré au service de S. M., le nom du bâtiment du Roi sur lequel il s'est embarqué doit être indiqué à la colonne désignée par les mots _Position subséquente._

Cet état, rempli et signé par le capitaine, doit être remis par lui au collecteur ou contrôleur des douanes, après l'entrée du bâtiment au port de retour dans le Royaume-Uni.

13

CÉDULE D.

État des voyages qu'a faits le bâtiment le   de   mil huit cent   dans les six mois commençant le   mil huit cent   , et finissant le   mil huit cent   , et de toutes les personnes (y compris le capitaine et les apprentis) qui ont appartenu audit bâtiment à cette époque.

ÉTAT DES VOYAGES.

(Ici l'indication des divers voyages et de leur durée.)

ÉTAT DES HOMMES DE L'ÉQUIPAGE.

NOM.	ÂGE.	LIEU DE NAISSANCE.	QUALITÉ.	BÂTIMENT sur lequel il a en dernier lieu servi.	ÉPOQUE de l'embarquement.	LIEU de l'embarquement.	ÉPOQUE à laquelle il est décédé ou a quitté le bâtiment.	DANS quel lieu.	POSITION subséquente.

NOTA. Si quelque individu de l'équipage est entré au service de S. M., le nom du bâtiment du Roi sur lequel il s'est embarqué doit être indiqué à la colonne désignée par les mots *Position subséquente.*

Cet état, rempli et signé par le capitaine, doit être remis par lui au collecteur ou contrôleur des douanes du port auquel le bâtiment appartiendra ou à l'enregistrure des marins du commerce à Londres.

ENROLEMENT DES MARINS.

CHAPITRE 34.

Acte pour encourager l'enrôlement volontaire des marins et pour établir des règles en vue de pourvoir d'une manière plus efficace à l'équipement de la marine de Sa Majeté. (Traduction littérale.)

21 août 1835.

Considérant qu'il convient de limiter la durée du service des matelots dans la marine de Sa Majesté, et d'augmenter les encouragements pour leur enrôlement volontaire dans ce service,

Il est arrêté :

Que nul ne sera sujet à être retenu, sans son consentement, sur la flote de Sa Majesté, pendant une période de plus de cinq ans à compter du jour de son entrée dans ce service, à moins qu'il ne se soit engagé pour un temps plus long, et excepté dans les cas ci-après prévus; et à l'expiration de cette période de services non interrompus, il aura droit d'être congédié sur la demande qu'il présentera à cet effet. Et si le bâtiment sur lequel il se trouvera embarqué est dans un des ports du Royaume-Uni, il sera congédié immédiatement. Dans le cas d'hommes servant à bord de bâtiments absents du Royaume-Uni, le lord haut-amiral, ou les commissaires faisant fonctions dudit lord, feront donner les ordres nécessaires à tous les amiraux et autres officiers commandant les bâtiments de Sa Majesté, pour qu'au moment de l'expiration de son temps de service, chaque homme ayant droit à son congé le reçoive (s'il le demande) immédiatement, sur sa déclaration, faite au ca-

(marginal note:) Durée du service dans l'armée de mer, limitée à cinq ans.

13.

pitaine ou officier commandant, qu'il entend ne pas rester
plus longtemps au service, ou pour qu'il soit dirigé, par la
plus prochaine et la plus favorable occasion (sur un bâtiment de Sa Majesté), vers quelque point du Royaume-Uni
où son congé lui sera délivré.

Toutefois, si l'amiral ou l'officier commandant la flotte
ou l'escadre (vu des circonstances particulières) jugeait dangereux pour le service de congédier immédiatement ledit
marin, il pourra le retenir au service pendant six mois du
calendrier, ou jusqu'à ce que lesdites circonstances soient
passées.

Et, en pareil cas, l'homme ainsi retenu aura droit, pour
ce service extraordinaire, à un supplément de solde d'un
quart en sus de sa paye.

Si, à l'époque où il aura le droit d'être ainsi congédié,
un marin est sous le coup des arrêts, son congé ne pourra
commencer à avoir son effet qu'après qu'il aura subi la
peine qui lui aura été infligée par une sentence de cour
martiale.

Enfin, rien dans le présent acte ne pourra être interprété
de manière à exempter quiconque aura ainsi droit à être
congédié de l'accomplissement des obligations de son poste,
jusqu'à ce qu'il en ait été déchargé. Et, pour aussi longtemps qu'il sera au service, tout marin sera responsable de
ses actes et soumis à la discipline navale et aux diverses
dispositions des lois, en ce qui touche les vaisseaux, bâtiments, et enfin les forces navales de Sa Majesté (§ 1).

Certificats
délivrés aux marins
congédiés.

Tout marin qui se trouverait avoir fait ses cinq ans de
service, au moment où serait promulgué un appel fait par

Sa Majesté à tous les gens de mer pour le service de sa flotte, aura droit d'exiger du capitaine ou commandant du bâtiment duquel il aurait été congédié (et ce, dans le but de se faire exempter du service de la marine) un certificat de son service à bord, indiquant son âge, son signalement et le lieu de sa naissance.

En produisant au bureau de l'amirauté ledit certificat ou de semblables certificats constatant ses services sur d'autres bâtiments de Sa Majesté pendant ladite période de cinq ans (tous lesquels certificats lesdits capitaines sont respectivement requis, par ces présentes, de délivrer à qui de droit pour son exemption du service), vérification faite, sur les bâtiments à bord desquels ledit marin aura servi, des dates et particularités qui seront ou pourront être consignées dans lesdits certificats; si ces dates et particularités sont reconnues exactes et les certificats authentiques, il lui sera délivré gratis une exemption du service de la flotte pour deux ans. Cette exemption sera signée par deux commissaires ou plus, faisant fonctions du lord haut-amiral, et revêtue du sceau de l'amirauté, avec cette réserve toutefois que si, par exception et sur sa propre demande, ledit marin était congédié avant d'avoir fait les cinq ans de service exigés, l'exemption ne lui sera délivrée que pour un an seulement (§ 2).

Sera considérée comme coupable d'un délit toute personne qui aura fabriqué ou contrefait un certificat de service, ou toute pièce quelconque ayant pour but l'exemption du service, qui aura frauduleusement produit ou rendu publiques de pareilles pièces dont la fausseté lui serait

Faux certificats, fausses exemptions, etc.

connue; toute personne qui aura altéré frauduleusement un certificat appartenant à un autre, ou qui aurait fabriqué ou altéré tout extrait de baptême, ou aurait sciemment produit ou frauduleusement altéré ledit extrait, ou produit un faux certificat ou tout autre document mensonger, ou qui enfin aurait fait sous le serment une fausse déclaration dans le but d'obtenir de l'amirauté une exemption de service. Il en sera de même pour toute personne qui, étant exemptée du service, prêterait, vendrait son exemption, ou en disposerait d'une manière quelconque en faveur d'un autre individu, dans le but de lui donner le moyen de se servir frauduleusement de cette pièce, et pour tout individu qui alléguerait, produirait et mettrait en usage comme à lui personnelle une exemption qui aurait été faite ou délivrée pour une autre personne.

Dans tous les cas, ladite exemption sera déclarée nulle et sans aucune valeur ($ 3).

Gratifications aux volontaires.

Tout matelot, homme de mer, ou autre personne qui, dans les six jours qui suivront après qu'un appel fait par Sa Majesté à tous les gens de mer pour le service de sa flotte aura été promulgué dans quelque port que ce soit du Royaume-Uni ou établissement de la marine britannique, aura passé un engagement avec tout officier ayant pouvoir pour cet objet, aura droit au double de la gratification promise par ledit appel (suivant la classe à laquelle il appartient), en outre des avantages accordés aux volontaires par le bill rendu sous le règne de George IV, chapitre 20, « pour amender et réunir les lois relatives à la solde de la « marine royale. » Et tous individus qui, naviguant au com-

merce, et étant à la mer au moment où paraîtra un semblable appel, feront un engagement avec un officier de la
marine royale, dans les six jours après qu'ils seront arrivés
dans un port quelconque, auront aussi droit à cette double
gratification (§ 4).

Les marins qui, au moment de la publication d'un appel
de Sa Majesté, serviront sur la flotte n'auront pas droit à
être congédiés; mais ils y continueront leur service pendant
une période de cinq ans, dans le cas où il serait jugé nécessaire qu'ils y fissent encore ce temps de service. Ils auront
droit à la même quotité de gratification que celle qui aura
été offerte aux marins de leurs classes respectives, en vertu
d'un ordre du conseil ou de l'appel fait par Sa Majesté; ils
auront, de plus, droit à leur congé à l'expiration de cette
dernière période, de la manière établie par le présent acte
relativement aux volontaires (§ 5).

Les marins au service au moment d'un appel de Sa Majesté, continueront de servir et recevront la gratification ordinaire.

Tout homme servant sur la flotte, et dont le temps de
service de cinq ans devra expirer pendant le temps où un
appel de Sa Majesté aurait encore son effet, et qui, avant
l'expiration du terme desdites cinq années, signifiera à son
officier commandant qu'il a l'intention de rester au service
pour une période nouvelle de cinq ans, aura droit, en vertu
de ce rengagement, à toucher la simple gratification offerte
par l'appel de Sa Majesté aux volontaires de sa classe et de
sa paye; et tout semblable volontaire aura droit à son congé,
d'après les mêmes règles ci-dessus établies, relativement
aux personnes qui doivent être congédiées après cinq années
de service (§ 6).

Les marins qui, après cinq ans de servie se rengageront, auront droit à une nouvelle gratification.

Les pensionnés s'engageant volontairement cumuleront leur pension avec leur paye.

Tout marin qui aura reçu une pension pour blessures ou services antérieurs, et qui sera encore valide et apte au service, dans le cas d'un appel de Sa Majesté, pourra s'engager volontairement et sera reçu au service de la marine royale. En outre de sa paye et des autres avantages auxquels il pourra avoir droit, il lui sera accordé de jouir de sa pension tout le temps qu'il continuera son nouveau service, en s'acquittant fidèlement de son devoir (§ 7).

Les dispositions de cet acte sont étendues aux volontaires des colonies.

Toutes les dispositions portées au présent acte en faveur des volontaires seront étendues à tous les marins appartenant aux colonies anglaises qui entreront spontanément dans le service de la marine. Et tous lesdits marins coloniaux, après avoir été congédiés à l'expiration de leurs cinq années de service, seront, s'ils désirent être rapatriés, ramenés sans aucun frais dans leur colonie natale, ou recevront en argent une indemnité suffisante pour couvrir les frais de leur retour dans leur pays, suivant que les commissaires agissant pour le lord haut-amiral le jugeront convenable (§ 8.)

Cet acte ne diminue en rien les pouvoirs de l'amirauté.

Aucune disposition de cet acte ne pourra en rien diminuer ni contrôler l'autorité dont est investi le lord haut-amiral et les commissaires faisant fonctions dudit lord, à l'effet de congédier tout marin quand ils le jugeront convenable, ou pour donner l'autorisation de congédier tout marin du service naval de Sa Majesté.

Les marins peuvent se faire remplacer.

Et si quelque marin désire obtenir un pareil congé avant l'expiration de la période de cinq ans pour laquelle il aura été engagé, et qu'il puisse présenter pour le remplacer pendant cinq ans (si l'on exige d'eux un aussi long temps de service), soit un matelot propre au service, soit deux hommes bien constitués, ledit marin sera immédiatement congédié du service, aussitôt après l'admission de ses représentants, par un officier compétent de l'amirauté, et aussitôt après leur réception au service à bord d'un bâtiment de guerre quelconque de Sa Majesté.

Il aura droit à l'exemption du service tout comme s'il avait accompli la période de cinq ans de service (§ 9).

Le présent acte pourra être modfiié ou rapporté pendant la présente session (§ 10).

DOCUMENT

UTILE À CONSULTER

Pour l'appréciation du caractère de la loi projetée sur la répression de l'indiscipline à bord des bâtiments de la marine marchande.

QUESTION DE JURISPRUDENCE MARITIME.

(Extrait du Journal le *Moniteur du commerce*, du 19 décembre 1832.)

« Le ministre de la marine a-t-il le droit de priver tem-
« porairement de sa *lettre de commandement,* par voie disci-
« plinaire, un capitaine de navire qui s'est rendu coupable
« d'un acte grave d'insubordination ? »

Telle est la question fort importante qu'a soulevée une décision récente du ministre de la marine, par laquelle un maître au cabotage, embarqué en qualité de *second* à bord du navire *la Suzanne,* a été privé de son brevet pour deux mois, comme ayant grossièrement insulté et menacé son capitaine, à l'occasion d'un ordre que celui-ci avait donné pour le service intérieur du bâtiment.

Le Journal du Havre a publié sur cette décision une ré-clamation et des réflexions critiques que nous rapportons ci-après.

Nous croyons devoir publier également une réponse à l'article du Journal du Havre, faite par M. Marec, chef du bureau de la navigation commerciale au ministère de la marine, auteur de deux écrits très-remarquables, qui ont paru au commencement de cette année, sur les pêches de la morue et de la baleine, et dont nous avons, dans le temps,

rendu compte avec tout le soin que méritaient les deux ou-
vrages et leur auteur.

Voici l'article du Journal du Havre.

AU RÉDACTEUR.

Havre, le 10 décembre 1832.

Monsieur, dans votre dernier numéro il est dit qu'un
second reçu au cabotage, qui avait insulté son capitaine, a
été privé pour deux mois de son brevet, par décision du
ministre de la marine. Cette mesure intéresse trop vivement la marine marchande pour que vous ne donniez pas
place dans votre journal à quelques réflexions à ce sujet.

Les capitaines se demandent avec effroi s'il est permis à
un ministre de leur retirer leur brevet, de les empêcher
ainsi d'exercer leur industrie, de les jeter, eux et leur fa-
mille, dans la misère. L'état de capitaine n'est-il pas libre?
Ne peut-on l'exercer que sous le bon plaisir du ministre de
la marine? Il faut, il est vrai, pour commander un navire,
un brevet de capitaine; mais ce brevet est-il autre chose
qu'une attestation qu'on a les connaissances nécessaires
pour conduire un bâtiment? Peut-on refuser à celui qui a
prouvé qu'il a ces connaissances le droit de commander?
et quand ce droit lui a été reconnu, peut-on le lui retirer?

Que dirait-on si un ministre empêchait un marchand de
vendre ses denrées, un roulier de conduire sa voiture, sous
prétexte qu'ils ont commis quelque délit? On dirait qu'il
viole la justice et les lois, qu'aux tribunaux seuls appartient
le droit de condamner les coupables, et qu'eux-mêmes ne
peuvent empêcher un Français d'exercer son état. Ici le

ministre de la marine se constitue lui-même juge, et quel juge ! On lui fait un rapport, et il condamne sans avoir vérifié les faits, sans avoir entendu l'accusé, sans l'avoir prévenu seulement qu'il était inculpé. Et cette condamnation est bien rigoureuse ; elle dit au malheureux qui en est atteint : Pendant deux mois vous ne pourrez commander le navire que votre bonne conduite avait engagé un armateur à vous confier. Cet armateur, voulant expédier son navire, vous remplacera ; vous vous trouverez sans emploi, non-seulement pour deux mois, mais pour bien longtemps encore, pour toujours peut-être ; et il peut se faire que vous mouriez de faim, vous, votre femme et vos enfants. Telle est la décision du ministre qui se charge de rendre la justice aux marins, et qui les condamne sans les entendre.

Voilà pour la justice : voyons la légalité.

Où est la loi qui autorise le ministre à suspendre les capitaines de leurs fonctions ? Il n'y en a pas. Or c'est une loi (du 3 brumaire an IV) qui leur confère leurs droits ; en les en privant, le ministre, par une simple décision, abroge donc une loi : c'est une monstruosité dans notre gouvernement constitutionnel.

Qu'on ne dise pas que, dans le cas particulier qui a suggéré ces réflexions, on n'a porté atteinte à la fortune de personne, parce que le maître au cabotage, privé de son brevet, ne commandait pas, parce qu'il était *second*, et qu'il peut continuer de naviguer dans ce grade. Je demanderais quel effet peut avoir une mesure qui prive de commandement un homme qui ne commande pas. N'est-ce pas infliger une peine tout à fait illusoire ? Et le ministre n'encourage-t-il pas, en quelque sorte, l'indiscipline à bord des navires du commerce par cette condamnation sans effet ?

(Un capitaine.)

(RÉFLEXIONS DU RÉDACTEUR DU JOURNAL.)

— Le capitaine qui nous a adressé les observations qu'on vient de lire ne discute nullement la question de culpabilité du maître au cabotage qui vient d'être puni d'un acte très-répréhensible d'insubordination par la perte momentanée de son grade. Ce qu'il attaque, et avec raison, c'est la manière dont il a été puni ; ce qu'il conteste surtout, c'est l'arbitraire laissé dans les mains du ministre de la marine, qui, sans jugement préalable, sans information aucune, peut, quand il lui plaît, priver un capitaine du grade qu'il a légitimement acquis.

Examinez, en effet, la position du *second* qui vient d'être frappé, pour cause d'insubordination, dans l'exercice d'un droit acquis légalement.

Est-ce comme *second* de navire, ou comme capitaine au cabotage, qu'il s'est rendu coupable d'un acte d'indiscipline ?

C'est comme *second* bien évidemment ; car, lorsque bien même il n'eût pas été capitaine au cabotage, il n'en aurait pas moins été coupable du même fait.

Eh bien ! c'est comme *second* de navire qu'il a manqué à la discipline, et c'est comme capitaine au cabotage qu'on le punit.

C'est à peu près comme si un avocat ou un médecin, naviguant en qualité d'officier à bord d'un navire (et ce cas-là s'est présenté), se trouvait privé de son diplôme par suite d'un acte de fraude ou d'indiscipline.

En bonne justice, il nous semble que l'on aurait dû poursuivre le *second* de *la Suzanne*, comme s'il n'avait pas été capitaine au cabotage ; car un *second* qui n'aurait pas eu de lettre de commandement aurait été, en raison du même fait, aussi coupable que lui. D'ailleurs, le délit d'insubordination ne donne pas lieu à la privation de tous les titres que l'on peut posséder. C'est la partie répréhensible qu'il faut frapper, et non la partie qui n'a rien à faire dans le débat.

Cependant, malgré la sévérité de ces réflexions, il faut convenir que le ministre a été mû par une bonne intention, celle de faire respecter la discipline, si nécessaire dans une profession qui ne peut s'exercer que par l'empire de l'autorité du capitaine sur les équipages. Mais les moyens que le ministre de la marine a dans les mains peuvent donner lieu à des actes arbitraires et au cours d'une justice absolue qui n'est plus de notre siècle. Ce qu'il faut au ministre de la marine et aux capitaines, ce sont des lois pour tous et des tribunaux pour l'application de ces lois. Puissions-nous, sous ce rapport-là, sortir aussi bientôt du provisoire : car le provisoire laisse périr tout ce qu'il y a de bon et ne vivifie que ce qu'il y a de mauvais.

RÉPONSE DE M. MAREC.

A M. LE RÉDACTEUR DU JOURNAL DU HAVRE.

Paris, le 17 décembre 1832.

Monsieur le rédacteur, vous avez publié, dans le numéro de votre journal du 8 de ce mois, une décision de M. le ministre de la marine par laquelle le maître au cabotage Brébion, employé en qualité de *second* à bord du navire français *la Suzanne*, a été privé pour deux mois de son brevet de maître, comme ayant insulté son capitaine de la manière la plus grossière.

Depuis, vous avez inséré dans le numéro du 11 une lettre d'un capitaine contenant sur cette décision des réflexions critiques, que vous avez corroborées de vos propres réflexions, en reconnaissant toutefois que le ministre auteur de la mesure attaquée « avait été mû par une « bonne intention, celle de faire respecter la discipline, « si nécessaire dans une profession qui ne peut s'exercer « que par l'empire de l'autorité du capitaine sur les équi- « pages. »

Après avoir pris acte de cette déclaration, je viens, à mon tour, Monsieur, vous demander place dans votre journal pour quelques observations sur celles du capitaine et sur les vôtres.

« Les capitaines se demandent avec effroi, » dit celui qui s'est rendu leur organe, « s'il est permis à un ministre de « leur retirer leur brevet, de les empêcher ainsi d'exercer « leur industrie, de les jeter, eux et leurs familles, dans la « misère. L'état de capitaine n'est-il pas libre? Ne peut-on « l'exercer que sous le bon plaisir du ministre de la marine? « Il faut, il est vrai, pour commander un navire, un brevet « de capitaine; mais ce brevet est-il autre chose qu'une at- « testation qu'on a les connaissances nécessaires pour con- « duire un bâtiment? Peut-on refuser à celui qui a prouvé « qu'il a ces connaissances le droit de commander? Et, « quand ce droit lui a été reconnu, peut-on le lui retirer?

« Que dirait-on si un ministre empêchait un marchand de
« vendre ses denrées, un roulier de conduire sa voiture,
« sous prétexte qu'ils ont commis quelques délits? On dirait
« qu'il viole la justice et les lois, qu'aux tribunaux seuls ap-
« partient le droit de condamner les coupables, et qu'eux-
« mêmes ne peuvent empêcher un Français d'exercer son
« état, etc. »

Je n'étendrai pas plus loin cette citation textuelle; d'ailleurs, les traits saillants des observations que je me propose
d'examiner se trouveront naturellement rappelés dans la
discussion que je vous demande la permission de présenter,
et dont, à raison de l'importance très-réelle du sujet, vous
voudrez bien excuser la longueur.

Et d'abord la comparaison établie, entre l'état de *capitaine de navire* et celui de *marchand* ou de *roulier,* est inadmissible : ce sont choses essentiellement dissemblables, qui
repoussent toute espèce de rapprochement. L'état de capitaine *est libre,* sans doute, mais sauf les obligations toutes
particulières qui y sont inhérentes. Le capitaine, bien diffé-
rent, en cela, du *médecin,* de l'*avocat,* et surtout du *marchand* ou du *roulier,* ne reçoit pas, en acquérant le droit de
commander des navires, un brevet d'indépendance : les
liens de l'inscription maritime, les devoirs de la police des
classes, de la police de la navigation commerciale, continuent pour lui de se faire sentir dans l'exercice de sa profession de capitaine. C'est à la condition d'observer ces devoirs que, sur la preuve, par lui fournie, du temps de
navigation exigé, et de l'instruction théorique requise, une
lettre de commandement lui est remise; et, chaque fois qu'en
vertu de son titre il est appelé à conduire un navire, il

14

souscrit, sur le rôle d'équipage que l'autorité maritime lui
délivre et sans lequel son brevet serait illusoire, l'engagement formel de remplir ces mêmes devoirs.

Mais (dit l'auteur des observations que je discute) où
est la loi qui autorise le ministre à suspendre les capitaines de leurs fonctions? Il n'y en a pas, ajoute-t-il : or,
c'est une loi, celle du 3 brumaire an IV, qui leur confère
leurs droits. Donc, en les en privant, le ministre, par une
simple décision, abroge une loi; ce qui est une monstruosité dans notre gouvernement constitutionnel.

A cela je réponds que, dans le Code maritime de brumaire an IV (car c'est ainsi qu'il faut appeler la collection
de lois sous cette date touchant la marine), la loi citée par
l'auteur des observations statue uniquement sur le mode
de réception au grade de capitaine des bâtiments du commerce; elle dit comment on peut acquérir le droit de conduire des navires, et ne s'occupe pas des devoirs qui se
rattachent à l'exercice de ce droit. Mais une autre loi de
l'an IV (celle sur l'inscription maritime) fait mention de ces
devoirs, en se référant aux lois et règlements qui déterminent les obligations des marins inscrits. Or, comme, sous
ce rapport, les diverses lois de l'an IV n'expriment que l'o-
bligation de répondre aux appels pour le service de l'État
(appels qui, pour le dire en passant, peuvent atteindre
même les capitaines et maîtres), c'est nécessairement dans
les lois et règlements antérieurs qu'il faut aller chercher
ces devoirs, dont ne parle point l'auteur des observations,
et parmi lesquels la subordination, le respect de la discipline, occupent le premier rang. C'est aussi là, dans ces
règlements antérieurs, maintenus expressément par l'arrêté

du Directoire exécutif du 21 ventôse an IV, que se trouve
le droit contesté au ministre de la marine.

De tout temps, des peines administratives ont été infligées aux capitaines, maîtres, patrons, pilotes, aussi bien
qu'aux simples matelots. Ce mode de répression disciplinaire, établi surtout pour la punition de manquements
que l'action des tribunaux ne saurait atteindre, et qui consiste dans un embarquement extraordinaire sur les vaisseaux de l'État, ou dans une interdiction de commandement temporaire ou définitive, est consacré par l'ancienne
législation sur la police de la navigation, et plusieurs actes
de la législation moderne sont venus le confirmer. C'est à
l'application de peines de ce genre que tendent *les comptes
à rendre au ministre secrétaire d'État de la marine*, que
prescrivent l'ordonnance du 25 mai 1745, l'ordonnance
du 25 mars 1765, l'édit du mois de juin 1778 (enregistré au parlement d'Aix le 15 mai 1779), l'ordonnance du
3 mars 1781, etc., etc. Mais ce n'est pas au ministre de
la marine seulement qu'est dévolue cette attribution de
punir par voie disciplinaire : des agents dépendants de ce
ministre, de simples commissaires des classes, au moins
pour ce qui concerne le service de l'État, ont encore aujourd'hui ce droit, qu'ils exercent en vertu de l'ordonnance
du 31 octobre 1784, déclarée, sur ce point essentiel, exé-
cutoire, par l'arrêt solennel de la cour de cassation, du 13
décembre 1828, rendu dans l'affaire *Offret.* Suivant cette
même ordonnance de 1784, la peine de l'embarquement
extraordinaire contre les marins déserteurs des navires du
commerce était prononcée par le chef des classes : cette
juridiction administrative, pour l'application de la peine

dont il s'agit, n'a point changé d'essence, puisque, d'après la loi du 22 août 1790, l'exercice en est dévolu, dans le cas de désertion d'un marin du commerce, au commandant de la marine (aujourd'hui au préfet maritime), au major général et à l'intendant (ou chef d'administration) de la marine, réunis. Continuant de puiser des exemples dans la législation moderne, et sans m'arrêter à la citation, ni de l'ordonnance du 31 octobre 1827 sur le service à la mer, ni de celle du 24 juillet 1816 sur la pêche dans les baies de Granville et de Cancale (car on pourrait m'objecter qu'il ne s'agit là que d'actes réglementaires), j'appellerai votre attention, monsieur, sur le décret impérial du 12 décembre 1806, décret ayant force de loi, lequel concerne les pilotes lamaneurs, qui, de même que les capitaines de navires, sont brevetés; qui, après avoir justifié d'un certain temps de navigation, et fait preuve des connaissances nécessaires, ont acquis le droit de piloter, comme les capitaines ont acquis le droit de commander. Et, cependant, ce décret autorise formellement le ministre de la marine à interdire temporairement, ou d'une manière indéfinie, les pilotes lamaneurs; il est même à remarquer (ce qui rentre dans le cas de notre espèce) que cette peine d'une interdiction absolue, ou de retrait du brevet, prononcée par le ministre, s'applique notamment à la faute que commettrait un pilote en manquant de respect au capitaine. L'analogie est ici frappante, et le rapprochement que je vous laisse, monsieur, le soin de faire, ne saurait être repoussé.

Que conclure de toute cette discussion? Que les capitaines de navires, comme les officiers sous leurs ordres,

comme les pilotes, comme les simples matelots, sont pla-
cés sous un régime spécial, dont l'effet n'est point exclusivement restreint aux obligations qui naissent du service de
l'État. Car, ainsi que le disait éloquemment, en 1828,
M. Odilon-Barrot, plaidant devant la cour de cassation
pour le commissaire de marine *Offret* : « C'est une erreur
« de croire que le régime des classes ne soit institué que
« pour assurer les levées maritimes que nécessitent les be-
« soins de la marine royale ; il l'est également pour la sûreté
« de la navigation et du commerce privé : car c'est à l'aide
« de ce régime que le marin est suivi par une surveillance
« tutélaire, d'un bout du monde à l'autre, et que l'immen-
« sité des mers ne peut le soustraire ni à l'action des lois,
« ni à l'accomplissement de ses devoirs. »

Eh! quel devoir importe plus à la sûreté, à l'intérêt de
la navigation commerciale, que la subordination, que l'observation d'une stricte discipline! Mais, pour que les matelots demeurent soumis à leurs chefs, il faut que ceux-ci,
en ce qui touche leurs obligations personnelles, ne se
permettent aucun écart, et c'est ici que l'autorité de
l'exemple est toute-puissante.

Je crois, monsieur, avoir suffisamment démontré, par
les nombreuses citations qui précèdent, que, dans l'affaire
du maître au cabotage Brebion, la décision du ministre de
la marine, appuyée sur la législation maritime, sur une
jurisprudence constante, n'est point une *monstruosité*. Voilà
pour le *droit;* un mot maintenant sur le *fait* et sur la *manière dont il a été puni.* La faute du maître Brebion, vous le
reconnaissez, était des plus graves : sur un ordre donné
par son capitaine touchant le service intérieur du navire,

il avait insulté et menacé celui-ci en présence des gens de l'équipage, bientôt entraînés à imiter ce funeste exemple ; le désordre à bord du navire *la Suzanne* était à son comble. Sans doute, c'est comme *second de navire*, et non comme *maître au cabotage*, que l'auteur de cette scène scandaleuse a failli ; mais c'est de la possession même de ce grade de maître au cabotage que la faute par lui commise a tiré sa plus grande gravité : quel respect pouvait attendre de ses subordonnés, quand il commanderait à son tour, un homme qui, dans le cas actuel, subordonné lui-même, avait aussi violemment brisé les liens de la discipline, dont son titre lui imposait surtout l'obligation de donner l'exemple ! C'est donc bien *dans la partie répréhensible* que la punition infligée par le ministre au sieur Brebion est venue l'atteindre. Non pourvu du grade de maître, il eût été assurément moins coupable ; mais il l'aurait été beaucoup encore, et une autre espèce de peine *administrative* (celle d'un *embarquement extraordinaire*) lui aurait été infligée. C'est de cette manière aussi que serait puni, dans le cas que vous supposez, le *médecin* ou *avocat*, *naviguant en qualité d'officier à bord d'un bâtiment du commerce*, qui aurait, comme le sieur Brebion, manqué à la discipline : je veux bien admettre ce cas d'emploi assez étrange d'un médecin ou d'un avocat comme officier de navire ; mais c'est à la condition que vous m'accorderez, en présence du texte des règlements de la marine, que cet avocat ou médecin n'a pu parvenir à l'occupation du poste d'officier qu'au moyen de son incorporation préalable dans l'inscription maritime, qui le rend passible de l'application du régime des classes et de *toutes ses conséquences.*

Il me reste, monsieur, pour compléter ma réfutation, à faire remarquer que l'interdiction, presque toujours temporaire, que prononce le ministre de la marine, dans des cas assez rares, est une interdiction de la faculté de *commander*, et non de la faculté de *naviguer;* le capitaine ainsi interdit ou suspendu conserve la possibilité d'embarquer, mais pour un poste inférieur; c'est là qu'est la punition; et, s'agit-il, comme dans l'affaire Brebion, d'un capitaine actuellement employé en qualité de *second*, cette privation seule de la possibilité, pour lui, d'occuper le poste de capitaine pendant la durée de la suspension, produit tout l'effet moral attendu de la punition. Ce n'est donc point une *condamnation illusoire* que celle qui a été prononcée contre le sieur Brebion, comme se plaît à le dire le *capitaine* à qui je réponds, et une bonne partie de ses observations le prouve surabondamment. Enfin, vous-même, monsieur, et ce capitaine, êtes dans l'erreur quand vous avancez que le ministre de la marine prononce sans *vérification des faits, sans information préalable* : les décisions de ce genre ne sont jamais prises sans un rapport de l'autorité consulaire ou maritime, qui a vérifié les faits; et toujours, à moins que, comme dans le cas du maître Brebion, il ne s'agisse d'un fait en quelque sorte matériel, survenu en présence de témoins, et dont la clameur publique établit suffisamment l'existence; toujours, dis-je, et plusieurs affaires actuellement pendantes en font foi, il est procédé à une enquête préliminaire dans laquelle l'inculpé est entendu.

Arrivé au terme de cette longue lettre, ou plutôt de cette dissertation, je n'aurais point dit ma pensée tout entière si je n'ajoutais que la législation dans laquelle le ministre de la marine puise le droit de juridiction disciplinaire, a peut-être besoin d'être revue, d'être rendue plus précise. Comme vous, monsieur, j'appelle de tous mes vœux des lois pour la marine marchande, mais des lois appropriées à ses besoins, au caractère tout spécial des faits de service maritime. Dans cette refonte qu'il y aurait à faire de la législation ancienne touchant la police de la navigation commerciale, la nécessité d'une loi répressive des actes d'insubordination des officiers et gens d'équipage se présente en première ligne, et c'est un objet important sur lequel s'est fixée l'attention de M. le ministre de la marine. Attendons que les circonstances permettent de livrer aux discussions parlementaires ces questions d'intérêts positifs qui exigent de longues études, un examen approfondi. Mais ne perdons jamais de vue la spécialité des affaires maritimes; le *droit commun* sans restrictions, sans modifications, tuerait la marine : car, pour me servir encore une fois des expressions d'un illustre avocat, il n'y aurait plus alors dans le régime des classes, dans la police de la navigation commerciale, que perturbation, désordre, procédures longues et ruineuses.

Veuillez agréer, monsieur le rédacteur, l'assurance de ma considération la plus distinguée.

Le Chef du bureau de la police de la navigation commerciale et des pêches maritimes,

MAREC.

Pour copie conforme :

Paris, mai 1840.

Le Maître des requêtes,
Sous-Directeur du personnel de la marine,

MAREC.

www.ingramcontent.com/pod-product-compliance
Lightning Source LLC
Chambersburg PA
CBHW071704200326
41519CB00012BA/2617